대리운전 취중진담

醉中眞談

사색의 시간 4: 대리기사 경험담

대리운전
취중진담

김은규·박하성

醉中眞談

밥북
BOB-K

고객의 재산과 생명을
안전하게 집까지 모시는 직업인으로서의 자부심

신동혁 사장(속초 365대리운전)

20여 년을 대리운전 업계에 종사하며 수백 명의 기사분과 수천수만의 고객들을 만나고 헤어지며, 수많은 경험을 하며 사건·사고도 숱하게 많았습니다.

이런 경험들을 단지 지나가는 일상으로만 여기고, 추억으로만 남겼는데…, 김은규 기사님의 이번 집필을 보면서 너무 감사드리고, 저 자신 또한 다시 돌아보는 시간이 된 것 같습니다. 존경받던 자리에서 소시민의 일상으로 들어와 어려움이 많으셨을 텐데도, 동생, 아들뻘 되는 기사분들과 어우러져 생활하시던 모습이 주마등처럼 지나갑니다.

바쁜 시간 속에서 잊지 않고, 책으로 기록을 남겨주시니 감사드리며, 출판을 축하드리며, 저희 대리운전 식구들과 함께 김은규 기사님의 인생 2모작을 응원하겠습니다.

모든 직업이 애로사항들이 있겠지만, 대리운전이란 직업 또한 별로 힘들지 않고 쉽게 할 수 있을 것 같으면서도, 막상 시작해보면 생각보다 힘들어 적응하지 못하고 그만두는 분들이 부지기수입니다.

대리운전이란 단지 차량 이동만이 전부가 아닌, 고단했던 누군가의 하루의 끝을 같이하며, 고객의 재산과 생명을 안전하게 집까지 모셔드리고 마무리해드리는 직업입니다. 이동 중에 술에 취하신 고객들의 푸념도, 화풀이도, 행복한 일도 모두 응대하여 귀가하실 때 좋은 기분으로 하루를 마무리할 수 있게 도와드리는 것도 대리운전 기사의 업무 중 일부인 것 같습니다.

하지만, 아직도 우리 사회에는 대리운전 종사자들을 무시하는 분들이 종종 있습니다. 고객들이 막말이나 폭언으로 운전 중인 기사분들을 자극하면, 양측 모두 기분이 좋지 않을뿐더러, 운행 중 안전에도 심대한 영향이 있습니다. 열심히 생활하시는 기사분들도, 집에 가면 누군가의 가장이고, 누군가의 소중한 자식입니다. 요즘은 고생했다고 감사 표현을 하시는 분들이 많지만, 아직도 언어적인 하대나, 멸시하는 행동을 하시는 분들이 일부 계십니다. 하루빨리 이런 부분들은 고쳐지길 바라는 마음입니다.

들어가며

교수 은퇴 후 첫 직업 경험, 대리운전기사

나는 대학에서 기독교 경전인 성경의 구약성서 분야를 30여 년 연구하고, 학생들을 가르치고 2022년 63세 되던 여름에 조기 퇴직했다. 부족하지만 나름 이 분야에 기여도 했다고 생각이 들지만, 오랜 기간 작은 연구실과 강의실에서 학생, 학교 안팎 동료들, 교회에서 만나는 교우들의 제한된 만남, 그리고 조직의 권위와 체계 속에 갇혀 지냈다는 생각이 들기도 했다.

막상 조기 은퇴를 정하니 마음이 정말 후련했다! 연구실에 소중하게 빼곡히 꽂혀있던 2대에 걸친 책들에 나름대로 애착이 많았지만, 모두 집으로 옮길 수도 없었기에 폐기하기로 했다. 개인 용달차를 부르니, 나는 내심 쓸만한 책들이니 몇백만 원은 받을 거로 생각했는데, 그분은 "십만 원요! 실어 가는 것만 해도 감지덕지하시라!"는 답변을 주었다. 나는 이내 수긍하고, 한 차 가득 실어내 버렸고, 꼭 볼 책들만 몇 상자 챙기는 것으로 홀가분하게 인생 1모작을 마무리 지었다.

퇴임 후, 오랫동안 짓눌러온 질서와 사람 간 얽매인 관계에서 해방되니 마음이 너무 편해졌고, 스트레스는 거의 0으로 내려갔다. 나는 평생 내가 해온 똑같은 틀에 갇혀 남은 삶을 보내지 말자는 결심을 굳게 했다.

두 달여 쉬던 어느 가을날 우연히 길거리 가판대에서 벼룩시장 신문을 발견하고 펼쳐보니, 기술이나 자격증 없는 사람이 할 수 있는 일은 단순직밖에 없었다. 건설 노동, 식당 설거지, 배달, 경비, 부동산, 단순 조립, 택시기사 일 등등. 어쨌든 눈높이를 확 낮추고, 각오를 단단히 했다. 그러던 중 '대리기사' 구인 광고가 눈에 띄었다. 평생 운전사고는 없었으니 나름대로 자신 있을 것 같았다. 무엇보다도 대리기사는 시간에서 비교적 자유로 왔다(퇴근, 휴무 등에 얽매이지 않음). 낮에는 조그만 텃밭 일, 투잡(two job) 일과 자유시간을 갖고, 저녁부터 자정 무렵이나 새벽 한두 시까지만 일하는 거로 생각하니 부담이 덜했다.

그렇지만 혹시라도 외제 차 접촉사고로 높은 수리비용, 교통사고와 장애, 후유증, 극단적으로는 죽을 수도 있다는 걱정도 순간 했다. 한편, 마음 깊은 곳에는 옛 동료나 친구들로부터 받을 창피함(?)을 어떻게 이겨내야 하는 것도 무거운 짐이 될 것 같았다. 그리고 내가 평생 술을 거의 먹지 않았기에, 술 취한 손님들이 무서웠고(?), 어떻게 대해야 할지도 몰라 걱정이 앞섰다. 용기 내어 아내한테 대리운전을 해보겠다는 얘기를 하니, 교통사고 걱정을 했지만, 막지는 않았다.('삼식이'로 집에 박혀있질 않고, 나간다는 것이 제일 기쁜가 보다. 약간의 돈도 벌고~) 아이도 아빠가 새로운 도전을 하는 것에 응원을 한다. 지금까지 나는 세상의 원군을 밖에서 찾고 행세(?)하며 나를 보존해 왔는데, 가족으로부터 새로 원군을 얻으니 몇십 배 더 든든한 마음이 들었다.

  이튿날 회사를 찾아가니, 사장님이 운전 경력에 관해 묻고는 "차 운전 조작 등은 금방 배운다"며 바로 내일 저녁부터 출근하라고 한다. 다음 날 처음 출근할 때, 집 현관을 나서며 인생 2모작의 일상이 시작되니 마음이 들뜨고 새삼 긴장되었지만, 아내의 든든한 격려를 받으니 세상이 그리 좋을 수가 없었다. 오랫동안 머리 쓰는 일로 살아왔는데, 손발을 부지런히 하며 사람들을 만나고 배우며 인생과 민생 체험을 하기로 하니 마음이 편안했다.

  평생 내가 남들로부터 인사받고 가르치려는 꼰대(?) 입장에서, 밤마다 대리운전하면서 만난 각계각층의 손님들, 어린 꼬마들, 청년들부터 노인 어르신들에게까지 늘 깍듯이 인사하는 것을 신조로 삼았다.

대리를 시작한 지 몇 달 안 되어, 한번은 아내의 오랜 친구가 와서, 내가 저녁에 대리운전 나가는 것을 보고, 무심코 "사무실이 어디냐?"고 묻길래, 나도 아내도 잠시 당황해서 말문이 막혔다. 그도 그럴 것이, 길거리라서…! 나는 이내 "비바람, 추위, 더위를 막아주는 곳이면 어디나"라고 웃으며 말했다. ㅎㅎ 도로 앞, 신호등 앞, 미니 팔각정, 버스정류장(온돌 의자), 건물 현관, 비 올 때 농가 처마 밑, 논두렁 밭길, 편의점, 심지어 겨울철엔 공중화장실(온풍기로 따뜻함) 내부도 10분, 20분 기다리는 사무실이 될 수 있었다.

처음 반년은 골목길, 도로명, 빌라, 연립, 아파트 등 모두 생소해 내비게이션을 켜도 잘못 돌아가기 일쑤였다. 그야말로 어리바리(?)해서, 손님들과 나를 데리러 오는 기사로부터 "여기 사람 아니네요?"를 숱하게 들으며, 군대에 갓 들어간 이등병(?) 같은 취급도 수없이 받았지만 참고 견디었다.

2년여 동안 차 안에서 만나는 평범한 고객들이 하루하루 돈 걱정하며 일터에서 살아가는 다양한 어려움이나 난관들을, 어떤 긍정 마인드로 견디며 이겨나가는지 이들의 해학과 지혜들을 배우며 따뜻한 인간미를 느낄 수 있었다. 이들의 지혜는 감히 내로라하는(?) 철학자들이나 지식인층이 책상에서 얻은 지식, 지혜와는 와 닿는 느낌이 전혀 다르게, 거칠고 직설적이었지만 가슴 깊이 감동하게 하였다. 비록 술들을 하고 하는 말들이지만 살려고 몸부림치는 표현들이었다. 이 시대를 살아가는 평범한 사람들이 훈훈한 정을 나누며 술 먹고 한 얘기들을 그냥 흘려듣고 말기엔 너무 아깝고 소중해서, 에피소드들을 기억해 내고, 약간의 각색을 하여, 얼추 2년여를 계절별로 사계(四季)로 분류해 부족하지만, 책으로 출판하게 됐다.

제일 먼저 대리기사를 십 년, 이십 년 넘게 인생 경험들을 숱하게 겪은 베테랑 기사들과 대리회사 사장님들 얼굴이 떠올랐다. 그간 안전하게 이끌어준 것에 대한 고마움과 동시에 매우 매우 송구스럽고 미안함이 크다는 것을 먼저 밝힌다. 그분들이 겪으신 인생의 경험들은 아마도 책으로 30권, 50권 이상은 연속시리즈로 나올 분량이다. 이분들의 노련한 안전운전으로 손님들을 집까지 무사히 모셔드리는 책임의식과 직업의식은 정말로 머리 숙여 존경하는 인사를 올리게 한다.

전국에 수만 명의 대리기사가 여러 이유로 돈을 벌러 나오지만, 음주운전과 음주사고를 예방하고 있어 나름대로 가정과 사회와 국가를 위해 안녕과 질서에 기여한다는 자부심과 자긍심이 크다. 대리기사 가족들이 매일 밤 긴 시간 동안 가족생활을 못 하는 남편과 자식들을 걱정하며 지새는 마음을 헤아리게 된다. 그리고 짧은 경험으로, 감히 책을 내게 된 것은 술 드신 손님들이 매일 돈을 벌어야 먹고 사는 세상 속에서 몸부림치며 겪는 '취중진담'(醉中眞談)의 보배 같은 값진 인생 이야기들을 함께 나누고 싶은 동기에서였다.

인생 2모작을 시작하면서 알게 된 박하성 강철디앤씨 대표이사로부터 대리운전하며 쓴 글들을 책으로 내보라는 권유를 받았다. 하지만 제일 먼저 떠오른 것은 '책 겉표지에 나의 본명을 쓸 때의 창피함(?)을 어떻게 피할까?'라는 생각이 앞서 주저하며, 가명을 쓰는 것으로 생각을 굳혔다. 네이버 블로그에 김방구라는 가명으로 올리고 있다(대리기사 김방구가 경험한 취중진담). 박 대표님은 처음부터 본인 이름으로 내라고 여러 번 권유했지만, 내가 애써 회피했다.

그러던 한 달 후쯤, 친형인 홍규 형과 전화를 하다가 "가명으로 내볼까? 한다"고 하니, 형이 대뜸 큰소리로, "네 이름으로 내라! 하늘이 준 이름인데 네 이름으로 당당하게 내라"는 격려를 받았다. 형과 형수님, 조카들도 처음부터 나의 대리운전을 지지해 주었기 때문이다. 갑자기 용기와 자부심이 활짝 생겼다. 박하성 대표님과 홍규 형께 다시금 마음 깊이 감사함을 전하고 싶다.

이 글을 출판사로 넘길 무렵, 우연히 TV에, 어느덧 70대 중반이 된 김병조 전 코미디언이 일반인들에게 '명심보감'을 가르치며 살아가는 일상의 모습이 나왔다. 그는 "과거의 주인공에 연연하기보다는, 새로운 주인공이 되라"는 말씀을 한다. 내 생각에는 누구나 어느 현장이든, 새롭게 출발하며, 적응하며, 배우고, 인내하고, 해결책을 찾다 보면, 소박한 새로운 삶의 보람이 열리지 않을까 한다.

　박하성 대표님은 본인이 평범한 직장의 삶을 살다가 해외사업에 도전 후 끝자락까지 추락했다가 불굴의 의지로 한 단계씩 올라서며, 늘 도전과 추진력, 포용심과 결단력을 보여주시는 CEO이시다. 현재는 사업과 교육 연구를 매일 병행하며 글 작업을 놓지 않는다. 특별히 남들이 똑같이 하는 방식을 그대로 따르는 진부함을 거부하고, 정말 창의적인 생각을 하고, 길을 찾고 뚫어가는 통찰력을 키우면서 새로움을 추구하신다. 선대로부터 자신에까지 멀리서 가까이서 '삶과 죽음'을 겪었던 것을 늘 마음에 간직하면서 겸손함으로 낮은 사람들을 배려하고 용기를 북돋워 주는 따뜻한 성품을 보인다. 그가 최근 출간한 '삶과 죽음에 관한 생생진담'은 동서양, 한국적인 삶과 죽음의 지혜를 배울 수 있는 저작으로 평가하며 강력히 추천하고 싶다.

　신동혁 대리운전 사장님은 내가 만난 수많은 사람 가운데 단연코 다섯 손가락 안에 들 정도로 인격적으로 존경하는 마음이 우러나오는 분이다. 20여 년을 매일매일 전쟁 같은 대리운전 상황에서도 예민한 판단력으로 기사들의 온갖 푸념과 성격은 물론 문제 손님들까지도 품어주는 바다와 같은 마음을 가지신 분이시다. 그렇다고 좋은 게 좋다는 식은 결코 아니다. 원칙을 지키면서 상황에 유연하게 대처하는 모습은 내공의 저력과 인내심, 지혜로움을 갖추어서 가능한 일이다.

이렇듯 새로운 인생에서 만난 훌륭한 리더십을 가지신 박하성 대표님과 신동혁 사장님께서 바쁘심에도 불구하고 나의 부족한 책 출간을 위해 추천과 격려의 글을 주신 것에 감사할 따름이다.

끝으로 대리운전하며 매일 자정 넘어 집에 들어와, 늘 걱정과 잠을 설친 아내 조미진에게 미안함과 고마운 마음을 듬뿍 전하고 싶다. 이른 아침 함께 밥을 먹으며, 간밤에 있었던 얘기들을 들어주고 공감해 준 아내와 멀리 떨어져 살면서도 격려해 준 아들 인찬에게 마음 깊이 사랑과 감사한 마음을 전한다.

2025년 5월

대리운전 기사 **김 은 규**

---

* 여기 실린 글들은 손님들 개인의 견해임을 밝힌다. 그리고 이들에게 들은 얘기를 기억을 더듬어 일부 각색했고, 맞춤법에 제한받지 않고 대화체 표현들을 살리고자 했다.

차 례

1부   야전인생에 대한 단상 _ 강철(江哲) 박하성

2부 대리운전 취중진담 _ 김은규

秋 늦가을 밤, 가는 입술 같은 초승달

겨울밤은 유난히 춥고, 서러워

春 봄밤, 벚꽃의 기지개 활력

한여름밤, 모기·동상과 씨름하며

1부 야전(夜戰)인생에 대한 단상

- 강철(江哲) 박하성

1. 야전인생과 삶의 방법

야전(夜戰)인생은 대리기사의 삶을 의미한다. 주로 야간에 운전을 많이 하기 때문이다.

김은규 기사님은 대학교 강단에서 30여 년 근무 후 퇴임하셨다. 은퇴 후 학교 밖의 세상을 좀 더 알고자 2년간 대리운전을 스스로 경험하였다. 정말 쉽지 않은 용기가 있는 선택을 하여 제2 인생을 보람되게 살며 새로운 인생을 추구하는 분이다.

나와는 우연히 인연이 닿아서 현재는 강원도에서 함께 일을 하며 즐거운 인생을 배우며 살아가고 있다. 사람의 인생은 참으로 다양하다. 서로서로 알기 전까지는 살아온 분야가 다르기 때문에 만나면 어색할 수도 있다. 김 기사님과도 그랬다. 그런데 이분이 대리운전을 2년간 경험하며 그 경험담을 블로그에 기록하는 것을 보고 삶에 대한 진솔함과 대단한 용기를 가진 분이란 사실을 알았다.

이 사실을 알게 된 나는 블로그에 기록한 내용을 엮어 내가 발간한 '사색의 시간 1~3'에 이어서 함께 4권으로 출간하자고 여러 번 권유하였다. 그러나 김 박사는 쑥스럽다고 거절하다가 나의 간곡한 설득이 계속되고 나도 원고 일부를 써 공저로 하자고 하자 드디어 출간을 결심하였다. 이 책이 나오기까지 이런 숨은 사연들이 있었음을 밝힌다.

인간의 삶은 매일 평범해 보이고 미미해 보여도 누구에게는 하루하루가 삶의 기록이고 역사이다. 현대인의 평균수명은 100세를 바라볼 정도로 과거보다 길어졌다. 하지만 수명은 100세인데 60이면 정년퇴직을 해야 하고, 심지어는 50대에 퇴직하기도 한다.

요즘 5~60대면 몸도 마음도 청춘이라고 해도 과언이 아니다. 그런데 본업에서 은퇴하여 일하지 않고 소일하며 남은 인생을 살아가야 한다면 모두에게 커다란 고민이 아닐 수 없다. 이런 문제가 있다 보니 정부도 노인의 나이 기준을 65세에서 70세로 늘리자는 논의를 하고 있으며, 이는 사회적 공감대를 형성 중이다.

나 같은 경우 정년과 은퇴가 없고 휴식만이 존재하는 분양사업가로서 자유로운 프리랜서 일을 하며 즐거운 삶을 보내고 있지만, 모두가 그러기는 쉽지 않은 현실이다. 일을 하면서도 나는 많은 고민과 사색을 하며 2024년부터 '사색의 시간 1, 2, 3권'을 연달아 출간하기도 하였다.

대리기사 역시 자유직업으로 우리의 삶과 너무나 가까운 곳에 존재하는 분야이다. 교수 퇴임 후 치열한 삶의 현장에서 대리기사로 일하시는 김은규 기사님과 함께 하는 이 책 『대리운전 취중진담』 출간은 우리 삶의 단면을 들여다보는 매우 뜻깊은 일이다. 나아가 사색의 시간 1~3권을 잇는 4권으로 출간하게 되어 더욱 기쁘고 의미가 깊다고 생각한다. 사색의 시간 1~3권을 이어서 모든 독자에게 또 다른 사색의 장을 마련해 주기를 기대한다.

　나의 개인적 생각으로는 자본주의 사회, 사회주의 사회는 우파 좌파도 없다. 오직 양파만이 존재한다. 이념적 구분은 의미가 없다는 생각이다. 우리에게는 밥을 먹고 사는 문제, 국가 간 경쟁에서 이기는 문제, 기후변화에 대처하는 문제 등이 더 중요하다. 주어진 삶을 살아야 하고 치열한 경쟁 가운데 생존하기 위해 일을 해야 하며, 우리의 터전인 지구도 지켜내는 하는 일보다 이념이 중요할 수 없기 때문이다.

　사람마다 살아가는 방식은 다르다. 그런데 모든 이에게 맡은 분야에서 좌고우면(左顧右眄)하지 말고 직진(直進)만 하라고 한다면 이 말은 틀린 말이다. 한 우물만 파라는 속담이 그것이다. 물이 안 나오는데 언제까지 그곳만 파야 하는가? 물이 나오지 않는다 싶으면 파던 곳은 기꺼이 포기하고 다른 곳에서 우물을 파는 게 지혜로운 일이 될 수도 있지 않겠는가. 처한 상황에 따라 유연하게 대처해야 하는데, 무조건 끝까지 가보라고 하는 건 인생에서 무모하다는 사실을 알아야 한다. 즉, 한계령 고갯길에서는 좌고우면해야 하고, 독일 아우토반에서는 경주마처럼 앞만 보고 달려도 된다는 사고의 유연함을 갖추어야 한다.

자유직업은 개인들이 여러 가지 사정상 회사 등 조직에 속하지 않은 채 본인의 자투리 시간에 돈을 벌기 위해 자유롭게 일을 하는 직업을 가리킨다. 다양한 자유직업이 있지만 대리기사 역시도 이런 직업군 중 하나이다. 자유직업은 주업이 있는데도 더 많은 돈을 벌기 위해 하는 경우도 있고 주업으로 하는 사람도 있다. 자유직업으로 일하는 사람들의 사연이야 각기 다르지만 목적은 잘살기 위해서이다.

우리는 모두 잘살기를 원하며 그러기 위해서는 잘사는 방법을 알아야만 한다. 그러나 잘사는 방법을 안다는 것은 쉬운 일이 아니다. 오천 년 한반도 역사는 가난과 싸움이었다고도 볼 수 있다. 도전과 개척보다는 소모적 논쟁과 게으름이 앞섰다. 개인을 하나하나 관찰한다면 가난하게 사는 사람은 가난한 이유가, 부유하게 사는 사람은 부유한 이유가 있다는 사실 알 수 있다. 요즘 삼성전자 이재용 회장은 '사즉생'의 자세를 말한다. 현대차는 노사화합과 기술혁신을 강조하며 과거 노사 분규의 대명사라는 오명을 벗어나 요즘 잘 나가고 있다.

대리운전이라는 직업이 존재하려면 무엇보다 그 수단인 자동차가 있어야 한다. 또 자동차가 제 몫을 하려면 달려야 하고 잘 달리기 위해서는 사람의 신발에 해당하는 타이어가 절대적이다. 자신이 제아무리 운전을 잘한들 운전할 자동차가 없으면 대리운전을 할 수 없고, 운전할 차가 맡겨진들 그 차에 타이어가 없다면 달릴 수 없다는 얘기이다. 무언가를 이루려면 자신의 노력과 능력도 중요하지만, 그 노력과 능력을 발휘하게 하는 상황과 조건이 갖추어져야 한다는 뜻이다.

어느 날 우연히 들른 타이어 가게에서 그 회사 회장이 회사 지침처럼 써놓은 글귀를 보았는데 깊이 공감되었다. 그는 부자 되는 20가지 방법을 알려주면서 '한 가지를 실천하는 사람은 노숙자로, 그중 10가지를 실천하는 사람은 부자로, 15가지를 실천하는 사람은 명문 하버드대를 다닌 것보다 낫고, 20가지 모두 실천하는 사람은 성공해서 큰 부자로 살 수 있다'고 하였다. 이 20가지는 노력과 능력의 중요성과 함께 이를 발휘할 수 있는 환경을 평소에 갖추어 나가야 함을 전해주고 있었다.

그가 말한 부자로 사는 20가지 방법은 음미해 볼 필요가 있어 그 원문을 내가 약간 현실감 있게 각색, 편집하여 여기 소개한다.

1. 꿈과 목표를 세우고 그것을 시각화하면 달성하기다 싶다.

   ▶ 시각화 – 백문이 불여일견.

2. 가장 비싼 것이 시간이며 그것을 지배하며 살아야 성공한다.

   ▶ 시간은 금.

3. 도전하고 개척하면 세상을 가질 수 있다

   ▶ 하면 된다.

4. 메모하고 일 처리하는 습관이 중요하다.

   ▶ 적어라! 그래야 오래 생존한다. – 적자생존.

5. 일과 스트레스를 인생의 친구로 생각하면 즐겁다.

   ▶ 긍정의 마인드로 바꿔라. – 부처 눈에 부처 보이고, 화난 사람에겐 아무 것도 안 보인다.

6. 에너지를 계속 충전하여 계속 사용하자.

   ▶ 휴식과 일을 적당히 배분하여 최고의 컨디션 유지.

7. 약속, 비밀을 지키고, 부정적 인간은 멀리하라.

   ▶ 나보다 나은 사람만 만나면 성공 – 의리.

8. 적절한 긴장을 유지해야 최대한 능력이 발휘된다.

   ▶ 항상 준비된 자세

9. 타인이 누구든지 그의 말을 경청하라

▶ 입은 하나 귀는 두 개 – 왜 그럴까?

10. 자기 몸을 건강하게 관리, 인상관리 잘하는 사람이 성공한다.

▶ 건강이 최고

11. 항상 성부(成富)의 정신을 유지하자.

▶ 부자를 꿈꿔야 부자가 된다. – 우는 아이에게 떡을 준다. 하나 더.

12. 박정희와 싱가포르 리콴유의 가난 극복방법을 음미하자.

▶ 보릿고개를 알까? 모르는 젊은이가 너무 많다. 모르면 공부해야 한다. 보
   릿고개가 다시 안 온다는 법은 없다. – 여차하면 온다.

13. 돈 버는 시스템을 구축하여 돈이 일하게 하자

▶ 인맥이 돈이다. 나 홀로 되는 것은 없다. – 상호존중 배려

14. 경제와 금융공부 후 경제적으로 독립하라.

▶ 금융을 알면 저절로 독립한다.

15. 인구는 사업의 무대, 인구·소득변화 살피자.

▶ 중국에서 1인당 라면 1개만 팔아보자. – 대박

16. 긍정적 말, 더 나은 방법을 항상 생각하자.

▶ 말 한마디로 천냥 빚 갚는다. – 새로운 방법은 항상 있다. – 그것을 발견
   하는 것은 창조일 수 있다.

17. 모든 것을 사랑하여, 주변에 사랑을 넘치게 하자.

▸ 사랑은 모든 걸 가능하게 하니까.

18. 자기 몸을 성전같이, 가정을 천국같이 만들자.

▸ 아생연후살타. 가화만사성. 수신제가 치국평천하.

19. 항상 치아 청결, 잘 닦인 구두 신자.

▸ 청결해야 장수하고 장수해야 연금 오래 타서 부자(?) 된다.

20. 낫으로 일하며 힘들다 하지 말고 콤바인으로 일해서 일찍 마치고 막걸리 마시자.

▸ 지나가는 사람이 보면 누구는 술만 마시는데 돈을 잘 번다. 그러나 누구는 낫을 들고 열심히 일하는데 항상 가난하게 산다.

▸ 머리를 써라 − 배움에 힘써 개선하라.

▸ 천재 한 명이 지금은 나라를 먹여 살린다.

3. '사즉생'의 삶과 대리운전

   차의 주인이 운전할 수 없는 경우, 특히 음주 상태에 있을 때 우리는 단골 대리기사를 부른다. 부르는 손님에게는 대수롭지 않은 일일 수 있지만, 야간에 운전하고 생계를 유지해야 하는 대리기사에겐 전쟁 같은 인생 이야기들이 야간에 시작된다고 할 수 있다.

   2025년 3월 우리나라 최고의 회사인 삼성전자 이재용 회장이 중국에 가서 '사(死), 즉(即), 생(生)'의 단어를 언급하였다. 이제는 삼성전자도 필사즉생의 자세로 일하지 않으면 죽는다. 이 지구상에서 사라질 수 있다는 말이다. 기술 발전의 속도가 빠르기 때문이다. 대기업이 하룻밤에 사라지는 경우는 얼마든지 많은 사례가 있다. 공룡과 매머드가 주변 상황변화에 적응하지 못하고 사라졌던 그것과 비슷하다. 요즘 정말로 기술의 발전속도는 상상을 초월할 정도로 빠르며 대리운전기사가 사라질지도 모른다. 무인 자동차, 자율주행이 등장하고 있기 때문이다.

   개인들도 곳곳에서 사즉생의 삶을 살아간다. 치열한 경쟁사회에서 사즉생 하지 않으면 한순간에 낙오자가 되기 때문이다. 현실에 안주하지 않고 더 나은 목표를 이루기 위해 사즉생의 삶을 살아가는 사람도 있지만, 현재 상황만이라도 유지하기 위해 사즉생으로 사는 사람도 있다. 인생이란 이렇게 누구에게나 호락호락하지 않다. 대리기사 역시도 매일 '사즉생'의 삶을 산다고 볼 수 있다. 야간에 일을 하는 삶을 살아야 하고, 남의 차를 운전하여 익숙하지 않은 길을 달리면서 죽느냐 사느냐의 위험한 순간들에 노출될 수밖에 없는 탓이다.

사즉생으로 치열하게 살아가는 삶은 그 자체로 우리에게 큰 울림을 준다. 사즉생으로 일하는 대리기사는 누구보다 다양한 인간 군상을 만나고 그들을 통해 세상과 사람의 속살이 고스란히 드러난다는 점에서 특히 우리에게 시사하는 바가 크다. 이런 이유로 대리기사 경험담으로서 내가 이 책 출간을 권유하고, '사색의 시간 4'로 한 이유도 이런 사실에 주목했기 때문이다.

앞에서도 일부 언급했지만 대리운전 경험에 기반한 이 책 『대리운전 취중진담』 출간에는 많은 사연이 존재하다. 무엇보다 이 책의 출간은 김은규 기사의 제2 인생 경험담이 있기에 가능하였다. 나와 많은 인연을 간직한 방구 김 교수는 교수 생활 은퇴 후 인생의 새로운 경험과 탐색을 위해 야간 대리운전을 2년간 경험하였다. 그렇게 본인이 체험하고 경험한 이야기들을 엮어 이 책에 실었다.

그의 경험을 통해 이 책에서 우리는 취중 진담 이야기를 들으며 다양한 삶의 모습을 만나고 더불어 지금까지 살아온 자기 개인의 삶을 비교하며 되돌아볼 수 있다. 비록 간접 경험이지만 다른 사람의 살아가는 모습을 보며 나 자신의 길도 새롭게 사색하고 모색하게 된다.

한편으로는 대리기사의 현실도 알아가며 그들의 삶에 대한 관심도 생겨날 것이다. 다시 말해 위험도가 높은 일을 하면서도 상대적으로 수입이 적은 자유직업인 대리운전 기사들이 당면한 현실적 문제가 어떤지를 깨닫게 되는 것이다. 이런 깨달음으로 우리 사회의 한 구성원이자 나의 이웃일 수 있는 그들의 삶에 자신이 지금까지 소홀하였다는 점을 인정하면서, 그들과 상생할 방향은 무엇인지 고민하게 된다.

4. 음주운전 실수담

이 글을 쓰면서 나는 과거 30여 년 전 젊은 시절에 겪었던 음주운전의 아픈 기억과 경험을 회상하지 않을 수 없다. 질풍노도의 시절, 역동적 삶 속에서 한순간 실수로 벌어진 음주운전 경험이었다.

모임에서 음주 후 대리운전 기사를 기다리는데 손님이 너무 많아서 대리기사 구하기가 하늘의 별 따기였다. 기다려도 오지를 않았다. 결국 다음 날 바쁜 일정이 있던 나는 차가 필요했기에 집까지 2킬로 정도 거리를 직접 운전한 적이 있었다. 다행히 술은 맥주 한잔 정도 마셨기에 사고 없이 도착하였고, 가는 길에 음주단속 경찰관이 없어 적발도 피할 수 있었다.

1년 후 같은 식당에서 회식 후 맥주 한잔하고 대리기사를 또 불렀는데 역시 오지를 않았다. 그래서 차를 직접 운전하고 집으로 향했고 집 근처까지 아무 이상이 없었다. 그런데 집에 무사히 잘 왔다 싶었는데 아파트인 집 앞 입구에서 경찰관이 10명 정도가 대대적 음주운전 단속을 하고 있었다. 결국 음주단속에 걸려서 혈중 알코올 0.051%(당시

단속기준은 0.05%)로 운전면허가 정지되고 말았다. 그때가 30여 년 전 내가 30대일 때이다. 참고로 지금은 0.08% 이상이면 면허가 취소되는 단속대상이다. 그리고 벌점 등이 겹쳐서 운전면허증이 취소된 경험이 있었다.

결국 몇 개월 후 힘들게 운전면허를 다시 취득하고 지금은 건강상의 이유로 술을 마시지 않는다. 그 후부터는 회식이 있으면 처음부터 차를 끌고 가지 않고 택시 등 대중 교통수단을 이용한다. 내가 30대 젊은 시절인 그 당시 1980년대에는 사실 대리기사와 대리운전 개념은 생소하였다.

우리나라가 1988년 서울 올림픽 이후로 개인 자가용이 급증한 사실을 기억하는 독자라면 한국인의 차에 대한 사랑이 유별나다는 걸 알 것이다. 그러다 보니 음주 후에 자기 차를 끌고 집으로 가는 음주운전이 성행하기도 하였다. 그 당시는 음주운전에 대한 사회적 경각심이 지금처럼 높지 않기도 했다.

애주가들이 술을 마시고 차를 그 자리에 주차하여 두고, 택시를 이용해서 귀가하면 음주단속에 걸리지 않을뿐더러 음주운전으로 사고 날 위험도 없다. 물론 술을 마시지 않고 절주한다면 최상의 방법이지만 말이다. 모두가 술을 끊는다는 것은 현실적으로 힘든 일이다. 음주운전 하는 사람들을 보면 다음 날 차를 이용해야 한다는 생각에 음주 후 차를 가져가야 한다는 인식에 사로잡혀 해서는 안 될 어리석은 행동을 한다. 그러나 이것은 이제 범죄임을 인지하고 절대 음주운전을 해서는 안 된다.

우리는 사실 음주뿐만 아니라 졸음 운전상태나 헌혈, 그리고 건강 검진 등의 이유로 몸과 마음의 컨디션이 안 좋을 때는 대리기사를 불러야 한다. 자가용 보급이 확대되어 자차로 출퇴근하는 사람이 많아지고, 우리나라 특유의 24시간 놀이 문화와 음주, 가무를 즐기는 문화는 대리기사 수요를 불러왔다. 여기에 적은 비용의 대리운전 이용료는 누구나 대리운전을 이용하게 하여 대리기사 호출이라는 서비스의 폭발적 성장을 가져왔다.

이런 사실들에 비추어 볼 때 대리기사는 애주가에게 생명의 은인이며 나를 지켜주는 중요한 역할을 하는 경호원임을 알 수 있다. 그러나 그들의 처우와 대가는 상상 이상으로 초라하며 수익은 비합리적일 정도로 미약하기 짝이 없다. 저녁 5시경에 나와 새벽 1~2시까지 일해도 평균 시급을 못 받고 귀가하는 때가 한 달에 절반이 넘는다고 한다. 이는 시급히 개선되어야 할 문제이며 애주가들도 대리기사에게 팁에 인색하지 말아야 한다는 생각이 든다.

5. 대리기사 유래와 선진화된 운임체계

과거 우리 선조들은 음주 가무(歌舞)를 즐겼고 이는 중국의 역사서에도 기록될 정도로 소문이 났다. 중국 역사서 삼국지 위지동이전에 따르면 모두가 주지하듯이 동이족은 추수가 끝난 후 남녀노소 모두 모여서 춤추고 노래하며 음주 가무를 즐겼다는 기록이 전해지고 있다.

신라 장군 김유신의 전기에는 술에 취한 김유신을 말이 태우고 갔다는 이야기가 나온다. 이 이야기는 김유신이 술을 즐겼을 뿐만 아니라 술을 즐긴 우리 민족의 단편적 사례인 듯하다. 술에 취한 김유신 장군을 평소 타고 다니던 말(馬)이 태우고 갔으니 오늘날에 비유하자면 그 말이 대리기사 역할을 한 셈이다. 비록 말이 잘못 운전하여 김유신 장군을 집이 아닌 엉뚱한 김유신 애인 집으로 태워다 주는 바람에 분노한 김유신에게 목숨을 잃었지만 대리운전은 대리운전이다. 당시 김유신은 읍참마속(泣斬馬謖)의 심정으로 자신의 애마(愛馬)를 배어 버렸다. 당시에도 음주 후 음주자를 집에 데려다줄 기사와 말이 등장하듯이 우리나라와 일본과 중국에도 대리운전은 존재한다.

일본은 합리적인 대리운전 시스템을 가지고 있다. 일본은 택시산업이 매우 발달하여서 대리운전에 대한 수요가 한국보다는 적지만 대리운전 호출 시 요금이 비싸다. 일본에선 대리운전을 운전대행(運轉代行) 또는 '드라이버 다 이코우'라고 부른다. 그러나 분명히 우리와 비교해 보면 합리적인 요금 계산방식으로 대리기사를 대우하고 있음을 알 수 있다.

무엇보다 한국과 다른 점은 택시미터기가 달려있어서 운행 거리로 요금을 산출한다는 사실이다. 또한 심야 할증과 외제 차 할증이 있고 최소 수수료가 존재한다. 이런 다양한 옵션만 봐도 우리나라보다 대리기사 대우가 한 단계 높다는 사실을 알 수 있다. 이러니 일본에서는 우리나라처럼 일부 고객들이 대리기사를 부르고 그냥 가버리는 경우는 상상할 수도 없다. 일본의 이런 제도도 검토해 보고 고급 승용차는 운전 부담이 크므로 기본료보다 요금을 더 높게 책정하고, 1톤 화물트럭, 경차는 기본료보다 낮게 요금을 받는 것도 고려해 볼 사항이 아닐까 한다.

역지사지의 입장에서 마음을 열고 생각해 보자. 앞의 글에서도 언급했지만 대리기사가 부당한 대우를 받는 직업군임을 쉽게 알 수 있다. 일례로 음주 후 손님이 대리기사에게 지급하는 요금은 대리기사 업체들 간 출혈경쟁을 하다 보니 고객을 확보하려 상대업체보다 낮추어 적용한다. 이런 구조이다 보니 대리기사가 받는 요금은 제공하는 대가만큼 받기 어려운 보수체계를 갖는다. 10만 원에서 100만 원 정도의 술을 마신 후 10분 안에 출동하는 대리기사를 불러서 지역마다 다르지만, 기본료 정도의 대리운전 비용을 지급하고 집으로 안전하게 귀가한다는 점은 대단히 가성비가 좋다. 어디서든 야간에 그 정도의 시간과 노력의 서비스를 받는데 이용요금이 그 수준밖에 안 되는 경우는 없을 것이다.

상호공생과 좀 더 나은 공동체 건설을 위해 향후 대리기사의 처우와 개선에 대해서는 전문가들과 당사자들의 깊이 있는 토론의 장이 있을 것으로 기대한다.

2부 대리운전 취중진담

- 김은규

秋 늦가을 밤, 가는 입술 같은 초승달

1. 대리기사는 '일석오조'(一石五鳥)

어렸을 적 기억으로 학교 들어가기 전인 듯싶다. 아빠 엄마와 버스나, 어쩌다가 택시 타고 가면서, 길가에 간판들을 읽으며 한글을 배웠던 기억이 새삼 난다. 어느덧 육십이 넘어 길가에서 생소한 간판들을 읽고 위치까지 외운다. 고깃집, 순댓국집, 횟집, 포장마차, 치킨집 등 음식점과 편의점은 물론 노래방 등 술집을 외웠다. 학교, 주민자치센터, 법원, 아파트 등에 이르기까지 간판들을 눈여겨 읽고 외웠다. 지도를 보고 외우려 하니 잘 안 되는데, 손님과 한번 갔던 곳이면 쉽게 외워진다. 경험이야말로 기억하는 데 최고로 도움이 된다.

대리기사를 하면, 각계각층의 사람들을 무작위로 만난다. 매일 고위직부터 가장 저소득층 사람들은 물론, 아이, 청년, 노인, 주부, 가족, 직장인, 사업가 등 모든 계층과 세대, 직업의 사람들을 접한다. 그들로부터 살아온 경험과 애환, 웃음과 해학, 깨달음들을 들으며 긍정적으로 살아가려는 지혜로운 삶의 자세와 태도를 배웠다. 한 손님을 모셔드리고 나면, 다음 손님은 전혀 예상치 않은, 정반대의 손님들을 만나게 되어, 궁금하고 기다려졌다.

한편으론 대리기사들을 실어 나르는 픽업 차들은 시내 길거리와 시골길, 산속 외딴집 등으로 데려가고 오는데, 이를 기다리는 동안 틈틈이 스트레칭과 팔굽혀펴기, 걷기, 뛰기 등을 하며 근육도 키우며 운동을 겸하니 지루한 시간도 줄고 건강도 유지했다.

대리기사를 하며 수많은 차의 종류도 알게 되고, 감히 넘볼 수도 없는 외제 차부터 1톤 화물트럭도 수없이 타보는 경험을 했다. 운전을 하며 속도, 신호등, 지리적 공간 감각, 손님들과의 대화, 손과 발의 운전 등을 동시적이고 종합적으로 판단하는 인지능력이 향상되는 것은 분명했다. 1년 정도 지나니 골목길을 통해 지름길로 가는 길도 익숙해지고, 아파트도 몇 동이면 정문으로 들어갈지 후문으로 들어갈지, 그리고 어디로 가면 신호체계가 빨리 바뀌는지도 익숙해졌다. 여기에 손님들의 성격, 직업, 나이, 인상, 예의, 말투 등 뇌의 수많은 복잡 회로가 작동하면서 목적지까지 안전하게 모시고 간다. 오래 기다린 끝에 매번 손님을 모셔드리고 대리비를 받을 때마다 작은 성취감도 생긴다. 하지만 하룻밤 7, 8시간 동안 일해서, 시급에 훨씬 못 미치는 적은 돈을 벌어 실망도 크지만, 지갑에 없던 몇만 원이라도 생겼다는 생각으로 위로하며 귀가한다.

대리기사를 한 지 일 년이 훌쩍 넘은 후, 일상의 일을 블로그에 올린 글(네이버. 대리운전 김방구의 취중진담)을 읽은 박하성 대표님이 현장에서 항상 생생한 감동과 답과 해결들이 나온다며, 영국 런던 택시면 허증을 따려면 3~4년 걸린다는 얘기를 했다.

유튜브에서 찾아보니, 영국 택시 면허는 이론에 현장 상황을 중시해서 실기시험으로 2만5천 개의 길거리와 2만 개 건물들을 모두 암기해야 하고, 교통상황, 신호등, 차선 수, 공사구간, 새로 생긴 레스토랑과 술집까지도 모두 기억하고, 내비게이션 없이 가장 빨리 가는 방법을 알아야 하기 때문에 통과하기 어렵고 오래 걸린다고 하였다. 다시 말해 '현장을 확실하게 알라!'는 영국의 경험론에서 온 듯하다.

이런 연유인지 2015년 영국 유니버시티 칼리지 런던의 연구에서 은 퇴한 택시와 응급 기사들의 뇌를 검사한 결과, 인지적 공간 추론과 주변을 탐색하는 기억을 담당하는 뇌 영역인 '해마'가 다른 직업에 비해 특히 더 발달해 알츠하이머병을 예방한다는 결과가 나왔다(조동찬 기자. SBS 뉴스 2015-09-07). 2024년 미국 하버드대 의대 부속 브리검 여성병원 연구팀에서도 2020년부터 2022년 사이에 사망한 890만 명의 443개 직업을 분석한 다음, 공간 처리 능력이 자주 필요한 택시기사와 구급차 운전사 등과 같은 직업을 가진 사람일수록 치매로 인한 사망률이 1% 이하로 가장 낮다는 연구 결과가 나왔다(박해식. 동아닷컴 2024-12-18). 하지만 선박 선장, 버스 운전사, 항공기 조종사와 같이 정해진 경로를 따라 이동하는 다른 운송 관련 직업에서는 이런 경향이 나타나지 않았다는 결과가 나왔다.

　나는 이런 사실을 전혀 모르고 대리를 시작했지만, 자주 갔던 같은 집, 아파트도 어느 쪽에서 가느냐에 따라 방식들이 너무 달라 현장에서 고객에게 물으며 답과 방향을 찾을 수 있었다. 이로 인해 매일 뇌가 활성화된다는 느낌이 들었다. 이 연구 소식을 접하니, 아버님이 7~8년여 치매로 앓다가 돌아가신 것을 새삼 떠올리며, 대리기사를 한 것도 잘했다는 생각을 하게 한다.

🚗 대리기사는 '일석오조(一石五鳥)'

1. 새로운 사람들과의 만남

2. 인생 경험과 지혜를 배움

3. 약간의 경제적 도움

4. 밤 운동

5. 지리, 공간 인지 감각의 활성화로 치매 예방

2. 인생 1모작을 접고… 새롭게

가을이라고는 하지만 늦더위가 계속되는 밤, 70대 초반으로 보이는 남자의 차에 올랐다.

김대리: 안녕하세요~ 사장님, 젊어 보이세요!

고객: 아~ 그래요? 다른 비결은 없고, 매일 밭에 나가요. 20여 년 전부터 밭을 사서 직장 다니면서도 주말마다 가꾸기 시작했죠. 나무들, 정원수들, 과실수들, 채소 등 심고 가꾸며 살지요.

김대리: 아~ 그러셨어요? 부럽네요~ 젊음의 비결이 거기에 있으셨네요~

고객: 사장님도 어디 다니다가 퇴직하신 듯해보이는데요~ 퇴직하면, 옛 직장에 미련가지면 안 돼요! 별 셋 사단장이었더라도 연연해하지 말고…. 그리고 옛 직장인들 가급적 만나지 말고…! 안 그러면 옛 상하관계에 얽매이게 됩니다. 퇴직하면 새로운 사람들 만나고, 새로운 관계를 맺어 나가면 되지요. 옛 직업을 내세울 필요도 없구요! 저의 경우는, 현재 밭일이 최고조~ ㅎㅎㅎ 부정적인 사람들 피하고, 긍정적인 사람들 만나며 즐겁게 삽니다! 오늘 현재에서 기쁨

과 보람을 찾지요! 새로운 취미도 찾고 도전하지요~

김대리: 아~ 그렇군요~ 맞는 말씀입니다. 그래서인지 참 소탈하세요!

고객: 아이구 뭘요~ 자연에서 살고, 쬐끔 농사 지은 거 나오면, 지인들과 나누어 먹고 얼마나 좋은지요~ ㅎㅎ

김대리: 사장님 정말 귀감이 되게 멋지게 사십니다! 저도 퇴직한 지 얼마 안 되는데, 오늘 말씀하신 것들 잘 새겨듣고 긍정적으로 열심히 살아가겠습니다. 건강하시구요! 감사합니다.

가을 산의 단풍이 보이기 시작하는 늦은 저녁에 40대 후반으로 보이는 여자가 탄 차에 올랐다.

김대리: 안녕하세요~ 처음 뵀는데 인상이 좋은 일을 많이 하신 것 같아요~

고객: 아니에요~ 그저 쬐끔 남들 위해서 살았다고나 할까?

김대리: 아~ 그래 보입니다.

고객: 요즘엔 제가 이런 생각이 듭니다. 비행기 타면 이륙하기 전에 승무원들이 복도에서 안전교육을 하면서 구명조끼 착용하는 법을 가르쳐주잖아요?

김대리: 예~ 그렇죠! 그래야 비상 상황이 생기면 승객들이 빨리 대처를 할 수 있지요.

고객: 그런데 '구명조끼는 내가 먼저 착용해야 한다'는 말을 해요.

김대리: 아~ 그래요? 제대로 듣질 않아서 몰랐네요….

고객: 내가 먼저 해야, 옆에 어린 자식들, 배우자, 부모 등도 착용시키고 구할 수가 있다는 거예요. 만약 아이들 먼저 착용시키다가 본인이 먼저 의식을 잃음 안 되잖아요?

김대리: 아~ 그렇네요. 처음 알았어요!

고객: 그래서 저두 이제부터는 제가 먼저 구명조끼를 입어야겠어요! 나이 많으신 어머니, 남편, 자식, 친구들, 주위에 어려운 사람들 위해서 먼저 생각하고 달려갔는데, 이제는 내가 먼저 건강과 시간을 잘 챙기고~ 그래서 남들로부터 휘둘리지 않고~ 무엇보다도 제일 가까운 가족들로부터 지치는 게 제일 힘들어요!

김대리: 예 그래요. 부모님들은 먹을 게 없는 생선 대가리가 맛있다며 먹고, 자식들은 몸통 먹으며 헌신하시고 고생하셨지만….

고객: 그러셨던 부모님들이시지만, 연세가 더 드니 나이 든 자식들을 간섭하고, 정신적으로 힘들게 하는 경우들이 많은 것 같아요. 이제부터는 '내가 먼저 구명조끼 입을 거예요!'

김대리: 맞아요! 사장님께서도 부모, 남편, 자식들부터 먼저 챙겨드리니, 본인이 얼마나 지치셨겠어요~

고객: 사장님 말씀대로 이제부터는 제가 먼저 생선 몸통 먹고 기운 차려야겠어요!

김대리: 예! 당연히 그러셔야지요! 감사합니다. 힘내세요!

4. 떠받들고 살아야 할 분

제법 옷깃을 여미게 하는 서늘해진 밤늦은 시간, 60대 남자 두 명과 여자 한 명이 탄 차에 올랐다.

남자 고객 1: 야 오늘 즐거웠다. ㅎㅎㅎ

여자 고객: 그래 이렇게 놀구 풀어야지~

남고객 1: 난 마누라 무서워 이민 가려 했어~

여고객: 야! 그래두 새거(새 여자) 생겨 비위 맞춰 사느니 엉겨 붙어 사는 게 훨 낫
　　　다~ ㅋㅋ

남고객 1: 그건 그래.

여자는 중간에 내렸다.

고객 1: 난 쪼깨난 거지만 시골서 건물 지어 동생하고 위아래층서 산다.

고객 2: 아이구 잘됐네~ 같이 사니 불편한 건 없어?

고객 1: 내가 재산관리를 해~ 동생도 지 밥벌이 하고. 같이 사니까 마누라가 동생 살림살이들을 우리랑 똑같이 사서 놔줘! 텔레비 냉장고 가스렌지~ 모델이 다 똑같아!

고객 2: 아~ 그래? 왜 그랬지?

고객 1: 안 그러면 비교하고 시기하고 질투하지! 우리가 더 좋은 모델이나 비싼 거 사봐! 동생이 속으로는 나와 아내를 어떻게 생각하겠어?

김대리: 사모님께서 현명하고 지혜로우시네요!

고객 1: 그러게요~ 마누라가 그래야 형제 우애가 계속된다며!

고객 2: 맞아. 야! 넌 마누라와 평생 잘 사는구나~

고객 1: 떠받들고 산다. ㅎㅎㅎ

목적지에 도착해 내리니, 가을 풀벌레 소리들이 우렁차게 들린다.

나는 평생 신용카드를 주로 사용했기에, 종이돈은 별로 사용할 일이 없었다. 하지만 은퇴 후 대리운전을 하면서 현금을 주고받는 일이 많아졌다. 대부분 사람이 현금을 좋아하지만 특히 장사하는 사람들은 더욱 현금을 최고로 친다. 천 원, 오천 원, 만 원권 한 장이 행복과 직접 연결되어 있는 듯 좋아한다.

대리운전을 하며 내 지갑에도 늘 거스름돈을 지갑에 넉넉하게 천 원, 오천 원, 만 원권을 분류해서 넣는다. 밤에 대리운전하고 목적지에 도착 후, 실내등을 안 키고 컴컴한 실내에서 돈을 주고받는데, 5천 원과 5만 원권, 천 원과 만 원권이 유사해 잘못 주고받는 경우가 가끔 생긴다. 그래서 잘 확인하라는 얘기를 들었다. 목적지에 내려 차 주인들이 주는 대리비를 받으면 매번 소중한 감동이 온다. 작은 일이지만 목적지까지 안전하게 왔다는 안도감과 돈으로 받는 보상감이 잔잔하게 온다. 음식점 등 자영업자들도 식사 후 손님들 돈을 받으면 뿌듯한 보람이 느껴진다고 한다.

대리운전하며 하룻저녁 5시경부터 새벽 1, 2시경까지 7~8시간 일을 하여 시급의 반에도 못 미치는 날이 많다. 하지만 다음 날 아침에 밥 먹을 때 마누라에게 그것이라도 쥐어줄 때면, 마음이 뿌듯하다. 때때로 마누라는 그렇게 추운(더운) 날 오랜 시간 나가 일하면서 겨우 이거 벌어왔냐고 하지만, 나라 경제가 어려워, 지갑들을 닫고 사니 어쩔 수가 없다. 코로나 때부터 직장 회식 등이 줄어들었고, 가족들도 외식보다는 집에서 만들어 먹거나 배달시켜 먹는 패턴으로 바뀐 것도 있다.

여하간 매일 나가서 현금 얼마라도 벌 때는 현금은 세균이 없는 것 같다! 돈을 주고받을 때, 지갑에 넣을 때 만져도 만져도 기분 좋은 게 돈이다! ㅎㅎ

늦가을 쌀쌀해지기 시작하면 호떡과 붕어빵 파는 부부 사장님도 고사리 같은 꼬맹이들이 건네주는 천 원짜리 몇 장을 받으면서 즐거워하신다. 시골 오일장에 가면 흔히 보는 무청 시래기, 꽃, 묘목, 어묵, 호떡, 두부, 과일, 계절 야채 등을 파는 할머니들을 흔히 본다. 그분들은 날씨가 쌀쌀해지는데도 두꺼운 옷들 껴입고 현금을 벌기 위해 종일 꾸부정한 채로 길바닥에 앉아 그것들을 판다. 손님들이 일이천원 깎아달라는 것도 때로는 자존심 때문에 안 팔기도 하신다. 저녁 무렵 되면 그 할머니들이 그날 번 몇만 원, 천 원짜리 종이돈들을 허름한 바지 주머니 깊은 곳에 넣고 뿌듯한 표정으로 시골 버스 타고 가는 모습을 볼 수 있다.

6. 늘 십 원 밑지게

가을임에도 늦더위가 계속되다 오랜만에 가을비가 촉촉이 내리는 저녁 시간, 60대 중반 남자가 탄 차에 올랐다. 시동을 켜니 비틀즈의 음악이 멋지게 나온다.

김대리: 비 오는 분위기에서 차 타고 가며 음악을 들으니 좋네요.

고객: 아~ 예. 젊었을 때 많이 듣던 거라~ 예술에 타고난 사람들 보면 전생에 무슨 인연이 있었던 거 같고… 저는 종교도 없거니와 전생을 믿진 않지만요. 전생이 있다고 하면 과거를 알고, 과거와 연결되는 것이 있어야 하는데, 전혀 모르잖아요!

김대리: 그러게요~ 전생에 무얼 했는지 전혀 모르죠. 가끔 점 보는 사람들이 가족, 친척 내력들을 알아맞히기는 하던데….

고객: 그런데 한 가지 확실한 것은 자기가 이 생애에서 남에게 해를 끼친 사람은 살면서 피해갈 순 있지만, 그 업보가 자식에게 반드시 간다고 봐요! 자식에게 안 좋은 일이 생긴다는 거지요. 이것만큼은 확신합니다!

김대리: 저도 그리 생각합니다. 남에게 해 끼친 사람, 그 자식들도 미우니, 관계들이 다 틀어져 자식들도 뭘 할 수가 없는 거겠죠.

고객: 제 친구가 그러더라구요. 성경에도 그런 놈들 하나님이 자손 대대로 벌을 내린다고.

김대리: 아~ 예. 그 오래전에도 해 끼친 사람이 얼마나 미웠겠어요! 옛날이나 지금이나 여기서 사는 사람이나 사막지방에 사는 사람이나 마음들은 똑같은가 봐요.

고객: 그래서 인생 살면서 생각 드는 건, '늘 십 원 밑지게 살아라!'예요. 장사하면서 손해 보라는 얘기가 아니고, 남들에게 조금이라도 베풀면서 살라는 말이죠~ 다른 말로 하면 싸가지가 있게 살라는 말이에요.

김대리: 아! 그러네요.

고객: 재능도, 조그만 돈도 기부하고, 돌아가며 밥값도 내고, 애경사도 챙기고, 다른 사람이 어떻게 살아가는지 관심도 가져주고~ 뭐 그렇단 얘깁니다.

김대리: 예~ 맞습니다. 지금 당장은 좀 밑지는 거 같아도, 나중에 주변 분들이 도와주고, 이끌어주고 하는 걸 보면 인간미를 느끼죠.

목적지에 도착하여 그 고객과는 마치 옛 친구를 만나 헤어지듯, 찐한 마음의 여운을 남기고 헤어졌다.

7. 검진 결과

해가 점점 짧아지는지, 초저녁 시간인데도 제법 어두워진 때에 두 중년 남자가 탄 차에 올랐다.

고객 1: 얼마 전 종합검진 때문에 병원에 갔는데, 문진표에 '일주일에 술을 얼마나 먹나?'라는 항목이 있더라. 나는 일주일에 7일 매일 먹는데, 그렇게 쓸 수는 없고…. 그렇다고 2~3일 먹는다고 쓰면, 내 간과 위에 섭섭하게 하는 것 같아. 5일 먹는다고 썼어~ ㅎㅎㅎ

고객 2: 그래 검진 결과는?

고객 1: 다 정상이래~! ㅎㅎㅎ

모두들: ㅋㅋㅋ

8. 시름에 담배 한 대

가을이 무르익어 가니 습도가 낮아 낮엔 하늘이 푸르고, 밤엔 별들이 제법 밝게 보인다. 그런 날 밤늦은 시간 30대 청년이 탄 차에 올랐다. 인사만 주고받은 후 침묵으로 갔다.

김대리: 요즘 하시는 일은 어떠세요?

고객: 예, 건설 현장이 버티긴 버팁니다. 그간 3개월 어음으로 버텼는데, 얼마 전 돈을 받아 한시름 났죠.

김대리: 요즘 건설사들이 어렵다고 하는데, 실제 현장에선 얼마나 힘들겠어요!

고객: 저는 현장서 일을 하는데, 정말 시멘트 값이 많이 올라, 건설회사도, 우리도 서로 어렵지요. 건설이 중단되지 않게 건설사들이 잘 버텨 줘야 하는데… 완공까지.

김대리: 그래야지요!

고객: 저는 어머니와 할머니랑 살고 있어요~ 근데 어머님이 50 후반인데, 건강검진

받다가 암에 걸리셨다는 걸 알고, 지금 수술하기로 되어 있어요. 저는 스물일곱인데, 아버님도 일찍 돌아가셨고….

그가 긴 한숨을 내쉰다.

김대리: 어마나! 어머님께서… 요즘 의술이 좋으니, 병원에서 진행하는 대로 잘 따라가면 잘 될 거예요. 저도 아내가 십삼 년 전 암 수술 받고 오랜 투병을 했지만, 지금은 건강하게 살아요. 젊은데 결혼도 해야 할 것 같은데요.

고객: 예~ 여자 친구도 있어요. 아버님도 돌아가셔서 그런지 어머님이 마음에 더…. 암치료 받으면 제가 병간호도 해야 하고, 일도 해야 하는데, 이 두 가지를 어떻게 같이 해야 할지…?

김대리: 그러네요….

목적지에 도착했지만, 곧바로 헤어지지 않았다. 자정 무렵 네온사인들도 많이 꺼진 길거리 버스정류장 의자에 같이 앉아 청년은 담배 한 대를 피우며, 걱정하는 이야기들을 더 했다.

김대리: 어머님 수술, 회사 일, 결혼 등 감당해야 할 어깨의 짐들이 많네요. 아무쪼

록 어머님께서 수술 잘 받으시고, 건강 빨리 회복하시면 좋겠어요. 힘내세요! 어머님께서 건강하게 잘 완쾌하셔서 아드님 결혼하고 손주들 크는 모습들 보시며 오래오래 같이하실 거예요.

고객: 예, 사장님. 감사합니다. 밤길 조심히 돌아가세요!

늦가을 깊은 밤 맞은편 산 위에, 가는 입술의 초승달이 마음을 짠하게 비춘다.

늦은 저녁 시간 60대 중후한 남자들 세 명이 탄 차에 올랐다.

고객 1: 잘 나갈 때, 잘해야지!

고객 2: 잘 나갈 때, 잘 나가는 게 아녀! 겸손하고~

고객 1: 잘 나갈 때, 조심해야 혀! 찾아오는 사람들도 많고, 여러 가지(?) 잘 가려서 하지 않으면…

고객 3: 그려, 일러줘서 고마워!

(아마도 좀 높은 직책에 있는 분이 친구들로부터 조언을 받는 듯했다.)

10. 끼니 거르며

늦은 밤, 친구들과 당구 치고 나오는 청년이 탄 1톤 택배 화물트럭에 올랐다. 청년은 술을 좀 마셨는지 지쳐 보였다.

김대리: 안녕하세요? 그런데 많이 힘들어 보이시네요. 편안한 자세로 가세요.

고객: 네. 저녁에 식당에서 친구들과 축구 보며 한잔했습니다.

김대리: 몇 시부터 일하세요? 점심은 제대로 드세요?

고객: 요즘엔 조건이 좋아져 8시 출근해서 밤 8시까지 합니다. 점심은 차 안에서 도시락으로 하고요. 물도 적게 먹고요. 화장실 가는 걸 최소로 하기 위해서요. 바쁠 땐 도시락 먹을 시간도 없어요…. 그래서 늘 밤에 퇴근해 집 오면, 9시, 10시에 저녁 먹거나, 치킨 맥주를 먹어 살이 많이 쪘어요.

김대리: 더울 때 물도 많이 먹힐 텐데, 물도 제대로 못 드시고…, 밤늦은 시간 저녁 식사나 야식을 하니 폭식하게 되고, 피곤하니 바로 잠들고, 다음 날 또 일찍 일어나야 하고… 애로사항이 많네요!

고객: 예~ 그렇습니다.

김대리: 무거운 짐도 많이 들 텐데, 허리나 몸은 괜찮으세요?

고객: 아직은 괜찮은데, 아~ 돈이 있으면 정말로 이 일 하고 싶지 않아요….

김대리: 계절별로 택배들이 많지요? 추석, 설 때. 지금처럼 늦가을 수확기엔 농산물도 많겠어요.

고객: 요즘엔 김장철이라, 절인 배추 배달이 많아요.

김대리: 그럼 박스들이 무겁겠어요!

고객: 20킬로, 장난 아니에요! 아파트가 아니고 빌라면, 계단을 들고 올라가야 하는데 죽을 지경이에요.

김대리: 아! 그렇네요.

고객: 김치 공장이나 부모들은 정성껏 보내고, 받는 사람은 쉽게 받지만, 우리 택배 기사들은 정말 힘들어요.

김대리: 예, 정말 그러네요.

김대리: 사모님이 남편 고생한다고 애처로워하시겠어요.

고객: 그렇지도 않아요.

김대리: 어렵고 힘드시겠지만 늘 안전하고 건강하고 행복하게 사세요!

11. 청년 농사꾼의 희망

 길거리 가로수 나무들이 단풍이 들어 마지막 멋진 모습들을 보여주는 밤, 20대 후반으로 보이는 남자 청년이 모는 1톤 트럭에 올랐다. 청년은 취했지만, 자세를 흐트러뜨리지 않았다.

김대리: 안녕하세요? 혹시 뭐 하는지 물어봐도 되나요?

고객: 저는 농사를 짓습니다.

김대리: 아, 그래요! 힘들지는 않아요?

고객: 저는 그렇게 바라보는 것에 동의하지 않습니다.

김대리: 아~ 미안해요!

고객: 보통 다들 그렇게 바라봐요. 농사로 어떻게 먹고사느냐고…?

김대리: 올해 벼 수확은 괜찮나요? 비도 많이 오고 했는데….

고객: 저는 저만의 농법으로 합니다. 기후변화로 겨울과 여름이 길어지고…, 즉 봄

이 짧고, 가을이 짧다는 얘기죠. 그래서 저는 봄에 씨를 안 뿌리고, 초여름에 씨를 뿌립니다. 그러면 냉해도 피하고, 성장도 빠르죠! 재난 보험도 들었고요.

김대리: 와! 기존 생각으로 음력 날짜에 맞추어 농사짓는 게 아니군요. 지구온난화로 바뀌어 가고 있으니, 음력도 안 맞겠네요.

고객: 기사님은 연세도 있으시고, 저는 인생이 짧아 감히 말씀드리기가 좀 그런데요. 저는 인생이… '상부상조'인 것 같아요. 저는 마을에 청년농업단체도 만들어 활동하고, 많은 어르신들, 공무원 등과 서로 협력하며 관계합니다. 많은 분들이 도와주고 계셔요.

김대리: 마을에서 '상부상조'하며 협력체계를 만들어 서로 도우며 일하니 큰일을 하시네요.

고객: 저는 농사가 우리나라를 지키는 것이라 생각해 계속할 생각입니다. 제가 수년 전 유럽을 잠시 여행을 하니, 유럽국가들이 모두 농업국가이더군요. 버스로 프랑스, 네덜란드, 독일 등 나라들을 이동해 가는데 밀, 옥수수밭이 끝없이 펼쳐지고, 소, 양들을 방목하고…, 그때 식량안보가 문득 떠올랐고, 저도 우리나라를 지키는 길은 농업이라고 생각했습니다. 그리고 드넓은 논과 밭이 홍수 조절도 한다잖아요! 댐 수백 개의 역할을 하는 거예요.

김대리: 맞아요. 제가 초등, 중등 때, 사회 교과서에는 선진국은 농업보다는 공업, 공업보다는 서비스업으로 가야 한다는 도식으로 확고하게 배웠는데, 이십년 전 유럽을 가보고 첫인상이 농업국가라는 느낌이었어요. 완전 잘못 배웠어요. 그 결과가 지금 우리나라 농촌이 비어가는 이유가 아닌가 해요.

고객: 아마도 그래서 그런지 유럽국가들이 미국에 대해서도 주눅 들지 않고 당당하잖아요!

김대리: 맞아요! 그러네요.

고객: 지금 농촌의 고령화 문제가 어제오늘 일이 아니잖아요? 제 생각엔 머지않아 80대 노인분들이 대부분 돌아가시면, 채소, 곡물, 과일값이 엄청 오를 거예요! 농사짓는 사람이 없잖아요. 수입도 한계가 있고, 외국인 고용도 한계가 있고….

김대리: 그렇죠!

고객: 청년들이 미리미리 농촌에 와 정착하면, 곧 때를 만날 겁니다! 농촌에서 청년 갑부들이 수두룩 나올 겁니다!

김대리: 꼭 그렇게 되길 바랄게요. 그래야 농촌에 희망이 있지요!

이윽고 목적지에 도달했다.

김대리: 잠깐 얘기 나눴지만, 청년 농군을 보니 희망이 생기네요. 우리 악수 좀 해봅시다!

고객: 저…, 혹시 따님 있으세요? ㅎㅎ

김대리: 애구, 아들인데…. 염두에 둘게요! ㅎㅎㅎ

나이가 50대 중후반으로 보이는 남자의 허름한 차에 올랐다. 손님은 술을 많이 먹었고, 차에 타기까지 비틀거리며 시간도 지체하고 목소리도 컸다. 출발한 지 얼마 안 되어, 말했다.

고객: 저기 가면 편의점 나오는데 차 세워줄래?

김대리: 예!

　차가 편의점에 가까이 오자, 다시 말했다.

고객: 야! 가서 담배 좀 사와라!

김대리: 예??

고객: 나이가 어떻게 되냐?

김대리: 저는 60대 중반입니다.

고객: 나보다 나이가 많군….

    차를 편의점 앞에 세우니, 차에 내려 비틀거리며 편의점 가서 술과 담배를 사고, 다시 차로 온다.

    손님과 더 이상 말은 하지 않았고, 도착 후 내릴 때, 한마디 했다.

김대리: (꾹 참고) 하시는 일도 잘되시길 바랍니다. 안녕히 계세요. 감사합니다.

고객: …….

    손님은 끝내 미안하다는 말없이 목적지 도착 후 헤어졌다. 이 손님에 대한 불쾌감이었는지 얼마간은 기분이 언짢았다. 하지만 다음 손님은 활발한 분이어서 이내 풀어졌다.

13. 신랑 아버지, 최고의 날!

늦가을 찬바람이 제법 부는 밤, 50대 중후반의 깔끔한 남자 손님의 차에 올랐다.

김대리: 안녕하세요. 깔끔 정숙해 보이십니다. 차 안도 깨끗이 정돈되어 있네요.

고객: 뭘요~

김대리: 여기 사신 지는 오래되셨어요?

고객: (약간 생각을 하시는 듯) 제가 결혼하고 꼬맹이 아들, 딸 데리고 살 때였지요. 아버지가 하시는 규모가 꽤 되는 사업이셨는데 부도가 나서, 연이어 저도 부도가 났지요. 부부관계도 돈 있으면 오래가고, 돈 없으면 힘들어요~ 여차 저차 해서 꼬맹이들 데리고 이곳에 와서 꽤 됐네요.

김대리: 아~ 네 힘드셨겠어요. 일하시면서 홀로 애들 키우시고~

고객: 아들이 다 커 직장에 있는데, 얼마 전 결혼했어요.

김대리: 늦었지만 축하드립니다.

고객: 고맙습니다 .그런데 제가 신랑과 같이 입장했습니다~

김대리: 예? (신부 입장을 잘못 들었나?)

고객: 아들과 같이 같이 입장했어요~

신호대기 때 옆에서 동영상을 보여준다. 아버지와 아들이 손잡고 입장한다. 하객들의 큰 박수를 받으며~

김대리: 와우~ 아드님이 아버지가 자기들 키워주신 효심으로 같이 입장했네요.

고객: 맞습니다! 제가 아들에게 '아버지와 아들이 같이 입장하는 경우가 어디 있냐?'고 하니, 아들이 '그런 형식이 뭐가 필요해요? 내가 아버지 좋아서 하면 되지!'라고 해서 둘이 같이 입장하게 됐지요. 하하하!

김대리: 와, 아드님 속마음이 얼마나 깊어요! 얼마나 자기도 생각했겠어요.

고객: 저야 영광이었지요. 뿌듯했습니다.

(물어보지는 않았지만, 신랑 아들과 입장하는 짧은 시간 동안 살아온 여정을 생각하며 만감이 교차했을 것이다.)

고객: 주례는 누가 했는지 아세요?

김대리: …모르죠.

고객: 제가 했습니다. ㅎㅎㅎ

김대리: 와~ 아버님 입장에서 새로 출발하는 아들과 며느리의 행복을 위해 얼마나 진심 되게 말씀하셨겠어요. 사장님 멋쪄요! (엄지 척)

고객: 주례는 아니고 덕담 정도로~ ㅎㅎ

김대리: 늦었지만 다시금 진심으로 축하드려요! ㅎㅎㅎ

　도착지에 잘 모셔드리고 헤어졌다. 밖에 공기는 차가와졌지만, 나도 긍정적인 분을 만나 훈훈한 얘기를 들어서인지, 왠지 뿌듯하고 몸이 따뜻해지는 밤이었다.

14. 그날 밤

한 음식점에서 승합차에 50대, 60대 중후반의 대여섯 명의 남녀 친구들을 모시게 되었다.

남자 고객 1: 아~ 오늘 저녁 오랜만에 잘 먹었어! ㅎㅎㅎ

여자 고객 1: 그래 맛있게 하네!

친구들은 옛날이야기를 한참 나누다가 불쑥, 짓궂은 질문을 한다.

남자 고객 2: 제수씨! 동생하고 젊어서 연애할 때, 언제 처음 했어?

모두들 갑작스런 질문에 당황들을 한다. (순간 나도 당황했다) 그런데 여자분이 재치있게 대답을 한다.

여자 고객 2: 이이(뒤에 앉은 남편 호칭)하고 처음 만나 6개월은 아무 일도 없었어요. 그러다가 시부모님께 인사 드리러 집에 갔고, 아버님께 '제가 이 집 며느리로 잘살겠습니다!' 하고 인사를 드렸어. 그리고 그날 밤….

모두들 박장대소하며 웃는다. 나도 운전 중에 듣고 한참 웃었다.

남자 고객 2: 살아보니 후회는 안 해?

여자 고객 2: 예~ 넉넉하진 않아도 그냥저냥~ ㅎㅎ

남자 고객 3: 그래 인생 살아보면, 별 차이 없어!

친구들은 옛 추억들을 얘기하며 즐겁게 갔다.

15. 강, 구름, 술 그리고

가을 날씨가 화창했던 날 밤, 60, 70대 남자 다섯 분이 탄 승합차에 올랐다. 이들은 여기저기 구경하고 다닌 후 저녁을 하며 술들을 했다. 숙소로 들어가면서 시끌시끌하고 재미있게 농담들을 하며 간다.

고객 1: 난 서유럽만 빼고 동유럽, 미국, 동남아 다 갔다 왔어! 근데 남미는 천만 원 넘게 들여 왜 가냐? 거기는 텔레비전에서 보면 되고~ 하하하. 아프리카도 돈 많이 들구~ '동물의 왕국' 보면 되지, 사막과 동물들 많은 곳이니. 하하하.

고객 2: 하하하, 나도 뉴욕 갔다가 나이아가라 폭포 갔어. 폭포 절경이 대단해! 미국이랑 캐나다 양쪽에서 다 봤어!

고객 3: 난 하바드 나왔어!

그 말에 모두가 잠시 침묵하며 정적이 이어졌다. 곧 하버드 나왔다는 그가 덧붙여 말했다.

고객 3: 여행하면서 버스로 하바드 들어갔다가 나왔으니, 하바드 나온 거지! ㅋㅋㅋ

모두들 깔깔대고 웃는다.
나도 운전하다 말고, 배꼽이 빠질 듯 웃었다.

숙소로 가는 도중에 멀리 구름이 걸쳐있는 산자락에 석양 노을이 지고, 풍광이 좋으니, 그중 60대 중반의 젊은 분이 입을 열었다.

고객 4: 저는 여행하면서 구름을 보면 참 좋아요. '나그네'라는 시가 있는데 한번 읊어보겠습니다! "강나루 건너서 밀밭 길을~ 구름에 달 가듯이 가는 나그네~ 술 익은 마을마다 타는 저녁놀~ 구름에 달 가듯이 가는 나그네~"

모두들 박수치며 환호했다.

고객 4: 제가 이 시를 좋아하는 건, 강, 구름, 술이 나와서입니다! ㅎㅎㅎ

고객 5: (그동안 조용히 있다가) 여자도 나왔으면! ㅋㅋㅋ

모두가 깔깔대며 유쾌하게 이야기하며 목적지에 다다랐다.

16. 시선으로부터의 자유

기승을 부렸던 무더위가 뒤늦게 물러가더니 어느새 늦가을 옷깃을 여미는 날씨로 성큼 간다. 지구가 더워지니, 봄, 가을이 짧다. 늦가을 어느 날 밤, 막노동하는 인부들이 식사 후 각자 헤어지고, 귀가하는 60대 초반의 남자 차에 올랐다.

김대리: 안녕하세요? 날씨가 다소 쌀쌀해지는데 고생 많으시죠?

고객: 아니에요. 쉬엄쉬엄 합니다.

김대리: 연세도 있으신데, 막일하는 게 얼마나 고됩니까?

고객: 저는 공직에 있다가 조기 퇴직을 했는데, 나오길 잘한 것 같아요! 사람들하고 인간관계도 어렵고, 시달리고…. 막상 나와보니 할 수 있는 게 없다고들 하는데, 제가 볼 때는 많아요. 조금만 내 눈높이를 낮추면, 그리고 사람들이 나를 어떻게 볼지에 대해 고민하지 않는다면, 2백여 개 넘는 일들이 있어요.

김대리: 예? 그렇게 많아요?

고객: 그럼요! 체면 차리지 않고, 어떤 일들이든지 열심히 하면 되지요.

김대리: 예~ 저도 알아보니, 식당일, 정원사, 경비, 사우나 관리, 막노동, 숲 관리, 택시기사 등등…, 대리기사도 그중 하나라 선택했죠.

고객: 연금 쪼끔 나오고 막노동이라도 하면, 꽤 수입이 됩니다. 오늘처럼 일이 일찍 끝나면 동료들끼리 술도 한잔하고요. 막노동도 저같이 기술 없고 연령 있는 사람에게는 맞는 일들을 주어요. 일당이 조금 싸도 무슨 상관있습니까? 오랫동안 기술 있는 사람들은 당연히 많이 받고, 저같이 없는 사람은 적게 받고~

김대리: 그럼요! 일하면서 보람도 있고, 살림에 도움도 되니 좋지요. 쌀쌀해지는데 안전 조심하시고 건강하십시오! 즐거운 격려를 받네요.

고객: 예, 사장님도 안전 운전하시구요~ 감사합니다.

먼 산 너머 가느다란 초승달이 매력 있게 비춘다.

50대 중반 두 남자 손님이 탄 차에 올랐다.

고객 1: 나는 차남인데, 우리 아버지는 장남을 우선해! 그래서 '장남이 데려온 며느리는 시아버지가 조건 안 따지고 무조건 사랑한다'는 말이 있어. 왜 그런지 아냐?

고객 2: ⋯⋯?

고객 1: 자기가 죽으면 제사 지내주고 제삿밥을 차려주기 때문이야. 어르신들은 이걸 굉장히 중요하게 생각해~! ㅎㅎ

고객 2: 나도 장남인데 나에 대한 기대와 관심이 큰 것은 확실해!

18. 기본도 모르고

내가 대리를 시작한 지 얼마 안 되었을 때이다. 차 종류들이 너무 많고, 기본 시스템들은 같지만, 조작 방식에서는 모두 달라 적응하는데도 시간이 걸렸다. 고객이 어디로 가자고 하면, 내가 위치를 알면 안심을 하지만, 모르면 내비도 찍어야 한다. 지역 사람들은 다 아는 곳인데 나만 모르고 있어, 고객들도 다소 불편해한다.

어느 여자 사장님 차에 올랐다. 내가 사이드 브레이크를 푸는 것을 놓치고, 출발하려 하자, 약간 짜증 섞인 말이 날아왔다.

고객: 사이드 브레이크 푸셔야지요. 가장 기본인데 이것도 잘 모르시네!

김대리: 앗~ 죄송합니다. 제가 깜빡 놓쳤습니다!

고객: 대리기사들이 요즘 차들이 전자 자동으로 되어 있어 다른 것들을 건드리면 안 되는데. 내리면서 조작들을 건드려서 아침에 나오니 방전되어 있고, 비상 출동차 와서 충전시키느라 시간도 많이 소비시켰던 적도 있고…. 사장님도 사이드 브레이크도 안 풀고 출발하시고…. 대리기사들이 기본을 못해요!

김대리: 아! 그런 일들이 있으셨네요. 저의 실수이었습니다. 다시금 송구합니다.

(별것 아니지만, 한번 실수를 하고 나면, 도착지까지 긴장하게 되면서 차 안 분위기도 어색한 침묵으로 가게 된다.)

목적지 근처에 왔지만 나는 아파트 단지 입구를 잘 못 찾고, (다시 긴장하며) 그분께 물어 도착했다.

고객: 여기 분 아니시죠? 지리도 잘 모르시고….

김대리: 예, 이곳에 산 지 몇 년 됐지만…, 아직 골목 골목을 잘 모릅니다. 편한 밤 되십시오. 다음엔 잊지 않고 잘 모시겠습니다. 감사합니다.

고객: …….

목적지에 잘 도착하고 나니, 긴장감도 확 풀리고 기분도 전환되어 좋다. 내 생각엔, 나의 실수도 있었고, 예전에 대리기사들의 실수들도 있었겠지만, 요즘 사업들이 잘 안 되니, 조그만 일에도 짜증이 나고, 잠시지만 화풀이 대상이 되는 것 같다. 대리기사도 감정노동자라서, 손님들에게 친절하게 하고, 참기도 하는데, 손님들 중에는 술을 먹어서인지 반복해서 말하며 대리기사에게 언짢게 하는 분들도 종종 있다.

19. 건설 인부들의 인간美

늦가을 보양으로 토종닭 백숙을 드신 60대 초반 남자 세 명과 여자 1명이 탄 차에 올랐다. 건설현장에서 일하는 이들은 퇴근 후 회식을 했다. 차가 출발하자마자 한 분이 대리비를 선불로 주어 받았다. 그리고는 즐겁게들 이야기를 한다.

남자 고객 1: 오늘 잘 먹었는데, 날도 싸늘해지고 하니 우리 동네 가서 후라이 치킨에 생맥주 한잔 더하고 가자! ㅎㅎㅎ

남자 고객 2: 아니에요. 다음에 또 기회가 있으니~

여자 고객 2: 방금 닭백숙 잘 먹었는데, 또 통닭 먹어요? ㅎㅎㅎ

남고객 1: 우리 동네 잘하는 치맥집이 있어 그런 거여. 내가 전화할게. 기사님, 그냥 목적지까지 갑시다!

김대리: 그럼 뒤에 세분 중간 경유지 내리지 않으시지요?

남고객 2: 아니에요. 우리 셋은 중간에 내려요.

이렇게 옥신각신하면서 중간 경유지에 다 와서 차를 세운 후에도 잠시 계속되다, 결국 차 주인이 포기한다.

남고객 1: 그럼 오늘은 할 수 없고…, 이번 주말에 우리 동네서 합시다! ㅎㅎㅎ

뒤에 세분은 중간 경유지서 겨우 내렸다. 차가 다시 출발하려고 하는데, 뒤에서 내린 한 남자가 앞 운전석 내 옆으로 다가와 창문을 열라고 한다. 창문을 여니,

남고객 3: 수고 많으신데, 만원 팁 받으세요!

김대리: 아니에요~ 출발 때 대리비 받았어요. 괜찮습니다!

고객 3: 받으세요!

그가 만원짜리 1장을 창문으로 들이밀어 넣는다. 어쩔 수 없이 받게 되었고, 차가 출발했다.

남고객 1: 기사님, 다른 사람들은 우리 노가다(막노동, 일본말) 인부들을 업신여기

지만, 우리들은 정을 나누고 인간미가 있어요~ ㅎㅎㅎ

김대리: 예~ 정말 그러세요! 사장님께서도 2차로 치맥 하자고 설득하시고, 다른 손님께선 팁도 주시려고 애쓰시는 걸 보며, 훈훈한 정을 느꼈습니다. 감사합니다.

겨울밤은 유난히 춥고, 서러워

1. 무제(無題)

기온이 많이 내려간 추운 겨울날, 자정 무렵 콜을 받고, 서울을 가게 되었다. 시골서 서울 대리를 잡는 것은 골프에서 홀인원 같은 기회라고 하는데 약간 흥분되었다. 개인적으로 서울에 다녀올 때 다니는 고속도로이지만 출장으로 가니 기분이 좋다. 하지만 밤늦은 시간 몇 시간을 가는 것은 쉽지 않다. 낮에 일도 했기에 고단하고….

아이들 두 명이 있는 가족의 손님을 모시고 서울을 향했다.

밤늦은 시간이라 그런지 아이들도 부모들도 피곤에 지쳐, 가는 내내 말 한마디 없이 조용히 잠을 자며 갔다.

(나는 아이들 아빠가 저녁에 술을 먹었지만, 다음 날 출근 때문에 오

밤중에 가는 것일까 하는 생각이 들었다.)

한밤중이자 새벽이라 오가는 차들도 거의 없는 서울 가까이에 도달하니 졸음이 온다. 껌도 씹고 졸음을 참으며 목적지인 병원 앞에 도착했다. 나는 병원 근처가 집으로 알았는데, 응급실로 가자고 했다.

도착 후 아이가 내리면서 모자를 벗는데, 머리카락이 전혀 없었다. 항암치료 중이라는 걸 직감했다. 병원서 치료받는 중인 것 같은데 가족이 다 오니, 가족여행 같다는 생각도 들었다. (이별여행은 아닌지…? 갑자기 아이가 고열이 난 것은 아닌지? 등등 아픈 사연이 있는 듯해서 마음이 매우 무거웠다.) 아이들 아빠는 간단히 '수고했다'고 말하고는 아이들을 데리고 서둘러 응급실로 들어갔다.

나는 아이가 치료를 잘 받아 건강하게 퇴원하고, 가정과 학교생활로 나아가, 어른이 되어 훌륭한 사람이 되길 바라는 마음으로 기도했다.

새벽에 내린 서울에서 영하의 차가운 공기를 맞으며 '24시 사우나'를 열심히 찾아 걸었다. 코로나로 몇 군데는 문을 닫았는데, 마침 멀리 있는 곳을 찾았다. 사람들 없는 뜨끈한 탕에 들어가니, 피로와 추위가 확~ 풀린다. 너무 기분 좋다. 먼 길 졸음운전도 참아야 했고, 모셔드린 가족을 생각하면 안타깝지만, 무사히 안전하게 모셔드렸다는 안도감으로 긴장감이 풀어지니 기분이 좋았다. 온돌방에 들어가니 여기저기 코 고는 소리들 틈에 끼여 1시간 단잠을 청했다.

　잠시 눈을 붙이고 새벽 5시 길가에 나오니 다시 새벽 찬 공기가 엄습한다. 첫차 버스를 타니, 깜짝 놀랐다. 버스 안이 사람들로 꽉 찼다. 서울에서 고된 하루를 여는 이들 모두가 잠시라도 눈을 붙이고 잔다. 새벽에 고속버스터미널 분식집에서 김밥과 따끈한 국물을 먹고 고속버스서 곤하게 자며 돌아왔다.

2. 하늘에 웃고 울고

추운 겨울날 50대 초반 남자의 1톤 화물 탑차에 올랐다. 손님의 작업 복에 먼지가 많이 묻은 걸로 봐서, 그날 하루 일 끝나고 동료들과 저녁 먹으면서 한잔한 듯하다.

김대리: 안녕하세요? 오늘 힘들게 일하신 것 같은데, 요즘 사업은 어떠세요?

고객: 저는 지붕 일 해요. 지붕 교체, 누수 일을 하지요. 겨울철엔 눈이 많이 와 지 붕이 내려앉거나 파손되어 수리하는 일을 주로 합니다.

김대리: 아~ 그러면 지붕에 올라가 일을 하니 위험하겠는데, 안전장치는 잘 갖추고 작업하세요?

고객: 그럼요! 필수죠. 안전장치 잘해야죠! 같이 일하는 동료들도 안전하게 하고 요. 사실 전부 위험하지요. 조금이라도 정신줄 놓으면 실수하게 되고, 사고로 이어지기 때문입니다. 사실 낡은 지붕들이 많아 꺼지기도 하니, 조심조심합니 다. 지붕 골격을 튼튼히 세우고, 빗물이 새지 않게 방수도 잘해야 하고, 마무 리도 잘해야 하지요. 그래서 일하는 사람들에게 일 시작 전 안전교육을 입이

닳도록 합니다.

김대리: 정말 안전! 또 안전이네요.

고객: 겨울엔 눈 오고, 바람 불고, 여름엔 장마지고, 태풍 오고, 물난리 나면 작업 못 해요! 그러면 일들이 계속 지연되고 몇 달 계속 늦어지지요. 그럼 어떡합니까? 놀아야죠….

김대리: 그렇겠네요….

고객: 그래서 천장 하는 일은 하늘에 맡기고, 일이 늦어지면 늦어지는 대로 갑니다. 어쩌겠어요?

김대리: 아~ 그러네요. 늘 안전하시고 건강하세요!

목적지에 도착해 대리비를 받으니, 팁 만 원을 주는데 몇 번 사양하며 안 받았다.

초겨울 냉기가 한껏 느껴지는 늦은 밤, 호프집에서 50대 남녀 친구들이 50대 후반 한 여자를 부축해 주며 나오는데, 몸을 잘 가누지를 못하고 비틀거린다. 이들이 그녀를 차에 태웠고, 이 여자 손님을 모시고 가게 되었다.

김대리: 반갑습니다. 안녕하세요? 혹시라도 가는 도중에 속이 불편하시면 언제든지 바로 말씀해 주십시오.

고객: 아~ 예! 그런데요, 팁은 안 줍니다!

김대리: 물론입니다! 혹시라도 속이 울렁거리시면, 잠시 차를 세우려고 한 것입니다. 편한 마음으로 댁까지 가시라고 말씀드린 것입니다.

고객: 제가 이 말씀을 드리는 건, 작년 어느 기사님이 저를 태우고 가면서, 제가 가는 도중에 차를 세워 잠시 토를 했는데, 다시 타자, 대뜸 '팁 주셔야 합니다!'라고, 그것도 큰소리로…, 그래서 기분이 크게 상했습니다. 그 후에도 여러 번! 그래서 저도 화가 났습니다. 제가 인색한 것도 아니고, 어련히 알아서 팁을

드릴려고 생각했는데, 먼저 요구를 하다니…. (갑자기 그때 생각이 난 듯 격앙된 목소리로 말하기 시작했다.)

김대리: 그러면 안 되지요! 기사가 팁을 요구할 수 없습니다. 제 생각엔 그분이 잘못한 것 같습니다. 늦었지만, 그런 일을 겪으셨다니 대신해서 사과를 드리고, 죄송합니다.

고객: 그리고 아파트에 도착해서도 주차장에 주차를 안 시키고, 길가에 팽개쳐 놓고 그냥 가버렸어요. 주차난이 있는 것은 알지만, 그래도 주차를 해보려고 들어가 찾는 노력이라도 해야지요. 들어가지도 않고, 길바닥에 세워 놓고, 차 키도 던져놓고 가는 게 어디 있어요?

김대리: 저런~ 그러면 절대 안 되지요! 다소 시간이 걸리더라도 주차장에 차를 세우려고 시도를 해야지요. 그래야 대리기사의 책임과 임무가 완수되는 것이라고 생각합니다.

고객: 그렇죠! 그래야죠! 저는 그때 상당히 기분 나빴어요.

김대리: 다시금 대신 사과드립니다. 죄송합니다.

그 고객은 술은 많이 마신 것 같지만, 목소리만 좀 컸지, 또렷또렷하게 얘기하였다. 나도 십여 분 넘게 들으며, 그분의 감정도 풀어드릴 겸 인내하며 귀담아들었고, 여러 번 사과를 대신했다. 이제 그 이야기도 들을 만큼 들었기에, 감정도 다소 풀리지 않았을까 생각하며.

김대리: 요즘 날씨도 추워지고, 감기, 독감이 유행합니다. 건강하시지요?

고객: 저도 식당에서 일하며 손님들에게 서비스를 하는 입장이에요. 그런데 주말에 일 안 나가고 집에 있으면, 마음이 괴로워 오늘(일요일) 밖으로 나가 친한 친구들과 술을 먹었어요. 제가 아픔이 커요. 아들을 잃었거든요. 8년 전에. 아이는 스물아홉이었는데…. (눈물을 글썽임) 사실 원인은 이혼은 했지만, 남편이 저에게 손찌검을 자주 했고, 아들이 이혼하게 해서 나를 보호하려고 했지요. 남편도 3년 전 돌아가셨구요.

김대리: 저런~ 뭐라 위로의 말씀 드리기가…. 얼마나 힘드세요.

고객: 주중에 일 나가면 아들 생각을 잊어버리는데, 주말 되면 많이 생각나, 우울증 걸리는 것 같습니다. 그래서 주말에 술 한잔 집에서도 마시고, 밖에 나가서도 먹는 거지요….

김대리: 아… 아드님 생각이 어제, 오늘처럼 생생하게 기억나실 텐데요.

밤늦은 시간 목적지에 도착했고, 주차할 곳을 찾으니, 빼곡히 차들이 있는 틈새에 한 곳이 비어 있어, 잘 주차했다.

김대리: 힘드시지만, 잘 이겨내시고, 꿋꿋하게 사십시오!

고객: 예 들어주셔서 감사합니다. 여기 대리비하고 팁을 드립니다.

김대리: 아닙니다! 안 받습니다. 사장님 건강하게 사시고요! 따님들과 행복하게 사
십시오!

　여자는 있는 힘을 다해 팁을 주려고 내 손을 붙들었고, 나는 물리치려고 있는 힘을 다했다. 결국 안 받고, 차 문을 닫으면서, 여자의 얼굴을 보니, 처음에 가졌던 화도 가라앉고, 자기의 속마음을 말해 다소나마 얼굴이 밝아지신 것을 살짝 볼 수가 있었다.

　겨울 찬바람이 부는데 버스정류장에 들어가니 바람을 막아주고, 앉는 돌의자는 자동으로 온돌이 되어 엉덩이를 따뜻하게 해주니 추위도 견딜 만했다.

4. 누가 내 집 물건들을 자꾸 옮겨 놓지?

60대 중, 후반으로 보이는 부부가 탄 차에 올랐다. 차가 출발하고 몇 분을 가는데, 갑자기 뒤에 앉은 아내가 말했다.

아내 고객: 아~ 참. 내 핸드폰? 어마 어딨지? (핸드백을 막 뒤진다.) 식당에 두고 왔나?

남편 고객: 아~ 잘 찾아봐! 주머니도 보고, 뒷좌석 옆이나, 바닥에 떨어졌는지?

김대리: 뒷좌석 불을 켜고 찬찬히 찾아보세요. 두고 오셨으면, 돌아가면 되지요.

아내가 부스럭부스럭 더 찾더니 웃으며 말한다.

아내 고객: 아이고 찾았다~ 코트 옆 주머니에 넣고 잘 탄걸 갖고~ 호호호.

남편 고객: 거봐~ 바로 옆에 있잖아~

김대리: 저희는 저희 집에 귀신을 모시고 살아요.

부부: (동시에) 엥?

김대리: 저희도 아내랑 맨날 아침마다, 차 키 어디 두었지? 안경은 분명히 여기다 놨는데 어딨지? 지갑에 넣은 것 같은데 ○○카드가 안 보이네…. 어제저녁 냉장고에 넣은 마늘은 어딨지? 손장갑은 분명히 책상 위에 두었는데 안 보이네? 아내가 '귀신이 곡할 노릇이네. 분명히 여기다 두었는데…'라고 해요. 그러다가 몇 분 뒤 항상 주위 1미터에서 찾아요. 매일 귀신하고 한바탕 소동을 벌이죠. 그래서 저희는 집에 귀신하고 같이 산다니까요~! ㅋㅋㅋ

부부: (깔깔대며) 저희 집에도 오래전부터 귀신이 있었네요~ ㅎㅎㅎ

김대리: 이 얘기, 교회에 댕기는 주위 몇 분한테 하니, 자기 집에도 오래전부터 귀신 모시고 살았대요~ ㅋㅋㅋ

부부: 사장님 재미있으시네요. ㅎㅎㅎ

김대리: 나이 들면 다 겪는 일들이니…. 그래도 밖에 나가 마누라 어디 두고 오지 않아 아직은 다행이지요. ㅋㅋㅋ

부부: 그렇네요. 하하하, 호호호.

60대 초반 남자가 탄 승용차에 올랐다.

김대리: 사장님 안녕하세요? 날씨가 겨울이 되니 쌀쌀해지네요. 하시는 일은 어떠세요?

고객: 예~ 저는 건설장비 쪽에서 일해요. 현장에서 일하니 무척이나 춥게 일했지요. 요즘 덤프트럭, 포크레인, 시멘트 타설 등 건설경기가 최악이에요…. (한숨을 푹 쉰다.)

김대리: 예~ 손님들한테서 많이 듣는 얘기입니다.

고객: 제가 뒤늦게 건설 쪽에 들어와 십 년밖에 안됩니다. 우리나라는 건설이 죄다 먹여 살려요~ 시멘트, 세면대, 인테리어, 유리창, 가전, 페인트, 도배 등등 전방위로 미치죠.

김대리: 예, 그럼요!

고객: 80년대 우리나라 건설경기가 최고였지요. 일산, 분당 신도시들 그때 생겨났으

니…, 건설업자들은 모두가 그때가 경기가 제일 잘 풀렸던 때라고들 해요.

김대리: 아~ 그런가요?

고객: 근데 지금은 경기가 최악이에요! 건설장비들 팔려고 매매 내놔도 안 팔리고, 죄다 큰 주차장이나 길바닥에서 덩그러니 방치돼 녹슬고 있어요.

김대리: 심각하네요. ㅠㅠ

고객: 저도 근근이 버티고는 있는데…, 작년 새로 일감이 생겨, 중고지만 수억 은행 빚내서 장비를 샀는데, 바로 얼마 안 되어 부도설 나돌아 몇 달간 아찔했습니다. 다행히 넘겨서 근근이 버티고는 있는데 이자 감당하고, 인건비 주고 나면, 남는 게 없어요. 막상 내 집에 물이 새도 못 고치고 삽니다. 근데 내년이 깜깜합니다. 지금 일감이 끝나고 나면, 새 일감이 없어서요…. ㅠㅠ

김대리: 애고…, 정말 힘드시네요.

고객: 난 정치는 몰라요. 이쪽도 저쪽도 아닌데, 높은 분들 본인들만 살려고 하지 말고, 제발 힘들게 사는 서민들 국민들을 실제로 보살폈으면 좋겠어요. 말로만 민생, 민생이 아니고 지들 빠져나갈 궁리만 하지 말고.

김대리: 딱 맞는 말씀입니다!

6. 장사의 비결

찬바람이 세차게 부는 겨울밤, 50대 여자가 탄 차에 올랐다.

김대리: 요즘 경기도 어려운데 더 어려워지셨죠?

고객: 어려운 게 어제오늘이었나요? 나라도 잘해야겠지만 개인들도 잘해야 한다고
봐요.

김대리: 그럼요~

고객: 어려워도 잘되는 집은 잘 돼요. 어제 낮엔 ○○음식점에 갔는데 거긴 손님들
이 바글바글해요.

김대리: 잘 되는 집은 분명히 이유가 있어요.

고객: 물가 올라 음식값이 올랐어도 음식을 정성껏 맛있게 하면서 친절하게 하
죠. 개인들이 노력 안 하고 남 탓, 나라 탓만 하는 사람들 많아요. 남의 탓만
하다가 결국 장사 접는 사장님들 자주 봤어요.

김대리: 아~ 그렇군요. 식당도 음식을 개발도 하고, 친절해야 하는데 불친절하면…

고객: 재료 원가도 생각해야 하지만 김치 하나도 순국산 고춧가루 써서 정성껏 담 그니 손님들이 맛보면 대번에 알죠. 제가 전에 펜션을 15년 했는데요.

김대리: 아이구 고생 많이 하셨겠어요.

고객: 요즘은 손님들도 착해요. 그런데 저희는 친절하게 잘해도, 손님들이 다른 곳 에 구경나갔다가 상인들에게 '사지도 않을 거면서 왜 묻냐?'는 소릴 들으면, 손님들이 기분 싹 잡쳐서 들어와요.

김대리: 저런…

고객: 그땐 제가 민망하고 죄송한 맘뿐입니다. 전국에 멋지고, 맛집들이 얼마나 많 은데요. 한번 저런 경우 겪으면 다신 안 와요. 절대로!

김대리: 그럼요~ 말 한마디 잘못해 끝나는 거죠!

고객: 그러니 해외여행으로 엄청 가잖습니까? 멋있죠~ 색다른 음식 맛있죠! 친절하 죠! 싸죠…. 제가 일본 가서 식당 들어가는 순간, 직원이 문 앞으로 나와 얼마 나 반갑고 친절하게 맞이하는지? 깨끗하지, 맛있지, 식사 중에도 와서 맛있냐 고 묻죠. 갈 때까지 웃음과 친절을 보입니다. 이런 게 국력이 된다고 봐요.

김대리: 저도 일본서 오래 살다가 귀국해 사는 분 얘기를 들으니, 한국인이 무뚝뚝 하고 불친절해서 그것에 적응하는데 3~4년 걸렸다고….

고객: 예, 저도 유럽에 갔다가 편의점서 껌 한 통 샀는데도 방긋 웃고 친절하게 인사

받고 나왔어요~ 되레 미안할 정도로. 우리나라에선 인사도 못 받고 나와요.

김대리: 예전에 이른 아침에 전통시장 가서 물건들 이것저것 묻고 안 샀더니, 사장님이 '개시부터 저런다'며 우리가 가는 뒤에서 소금을 뿌리더라고요. 무서웠어요.

고객: 손님에게 불친절하게 대하면 한 손님 날아갔다고 봐야죠! 그게 어디 한 손님만이겠어요? 가족, 친구, 지인들까지 하면 수십 명 끊긴다고 봐야죠. 저는 옛날에 장사 시작할 때, '손님은 왕이다'부터 배웠어요. 그 말 한마디로 여태껏 버텨왔는데~

김대리: 초심을 잃지 않으셨네요.

고객: 그래서 생각한 것이 '백 명이 한번 찾는 것보다 한 명이 열 번 찾게 장사해야' 하는 거죠! 한분 한분께 정성을 쏟아야…. 이젠 사장님들도 바뀌어 친절히 잘하시는 분들도 많지요.

김대리: 백번 맞는 말씀입니다.

고객: 젊은이들한테도 존댓말 써야죠.

김대리: 그럼요~ 저도 20~30대 젊은이들 차에 타면, 사장님 어디로 모실까요? 묻고, 꼭 존댓말 씁니다. 그러면 술에 취했어도 반응들이 좋아요. 짧지만 젊은이들이 얘기도 잘하고 속마음도 꺼내지요. 참 착해요~ 목적지에 내려서 제가 먼저 깍듯하게 인사합니다.

고객: 잘하시네요~ 어떤 사업을 하든 손님을 배려해야 해요. 정성을 쏟아도 잘 될
까 말까 한데….

애기를 나누다 보니 어느새 목적지에 도착했다.

김대리: 사장님께서도 하시는 일들 잘되시길 바랍니다. 즐거운 대화 좋았습니다.
안녕히 계십시오~

고객: 사장님께서도 안전 운전하십시오. 감사합니다.

연말에 눈발이 조금씩 휘날리는 밤에 60대 후반 남자 두 분과 여자 한 분이 탄 차에 올랐다. 여자분이 뒷좌석에 앉았는데, 출발도 하기 전에 팁을 손에 꼭 쥐여준다.

여자 고객: 이거 약소한데 받으셔요. 대리비는 옆에 사장님에게서 받구요.

김대리: 아이구, 안 주셔도 되는데요~ 감사합니다.

(멋쩍어 사양하는 듯하면서 받는데 꼬깃꼬깃 접은 듯 동전 크기의 정사각형 종이를 쥐여준다. 잘 받아 주머니에 넣었다. 속으로는 5천 원일까? 만 원일까를 궁금해하며~ 암튼 기분 좋은 출발이었다.)

이들은 즐겁게 식사와 술을 한 듯 목소리가 우렁찼다. 찐한 농담들도 크게 웃으며 넘기며 간다.

남자 고객 1: 요즘은 장사가 안되니 어렵지?

여자 고객: 그러려니 하고 견뎌야 해~ 어쩌겠어? 나도 요즘 손님 한 분도 못 받는 날들이 많아. 오늘 하루 죙일 만 원 벌었다. (꽤 큰 식당을 하는 듯하다.)

(하루 종일 문 열고 장사해서 번 만원, 그 아까운 돈을 팁으로 줬다니 내가 갑자기 미안하고 송구스러워졌다.)

남자 고객 1: 그래 버텨야지. 3년 코로나도 벗어났는가 싶었는데, 또다시 나라에 뭔 변고여…?

여자 고객: 그래 맞아~ 그렇지만 우리가 건강하고 즐겁게 만나고 밥도 먹고, 술 한 잔하고, 대리비도 쓰고 팁도 줄 수 있는 게 좋은 거야.

이들은 한참 큰소리로 얘기들을 한다

여자 고객: 예전에 우리 아버지 친구 한 분이 경찰 쪽에 계셨는데~ 그때 그분이 아버지에게 한 말을 아버지가 다시 나에게 하셨는데 그 말이 기억나. 그분은 목소리 작은 사람 조심하라고 하면서 목소리 큰 사람은 뒤끝이 없고 일을 꾸미질 않는데, 작은 사람들은 뭔 일을 하는지 알 수가 없다고 했

다는 거야. '뭔 일'이라니까 추측이 가지? 경찰서에 올 정도의…

남자 고객 2: 그래 우리같이 목소리 큰 사람은 그냥 있는 그대로잖아~

여자 고객: 나도 식당 30년 했잖니? 사람들 겪어보니까 아버지 친구 말씀이 맞는 거 같아.

중간에 두 분은 내리고 남자 고객 1만 계속 간다.

김대리: 사장님 좋은 친구들 있어 좋으시죠?

남자 고객 1: 예 좋은 친구들이죠. 나이 들어 친구가 있어야 해요. 돈이 있고 없고를 떠나서 부를 사람도 없는 돈 많은 사람이 아니고, 그렇다고 돈 없다고 주눅 들지 않는 사람도 아닌, 더불어 같이 사는 친구죠. ㅎㅎ

김대리: 예, 맞는 말씀입니다. 오늘 좋은 말씀들 잘 들었습니다. 감사합니다.

목적지에 내려드리고 주머니에 손을 넣어 돈을 꺼내니 꼬깃꼬깃 만원이… 찡하다.

그럼 나는? 목소리가 작은 편이다.

동짓날, 모처럼 맑은 날이어서 아침에 가까운 사찰에 갔다. 한 해의 마음도 추스르려 했지만, 팥죽을 준다는 얘기를 들었기에 그걸 먹고 싶은 마음이 더 컸다. 마침 대웅전 밖에는 신발들이 많았고, 나도 안에 들어가니 신도들로 꽉 찼다. 앞쪽에 세 분 스님 중 연세가 드신 스님께서 설법을 하고 계셨다. 나는 합장하고 예를 갖추고 앉았다.

스님: 여러분 결혼 안 하신 분 손 들어보세요! (손드는 사람이 아무도 없다.) 여기 앞에 앉아 계신 스님들도 결혼하셨나 봐요. 손을 안 드셔서…. 하하하!

이렇게 조크로 시작한 스님의 설법이 계속된다.

스님: 동짓날 팥죽은 왜 먹습니까? (모두 조용하다.) 팥은 붉은색이지요. 나쁜 것을 상징합니다. 한 해에 밤이 제일 긴 날입니다. 다음 날부터는 낮이 길어지기 시작하는 날입니다. 그해 나쁜 것들을 없애고 새해에 좋은 일들 많아지라는

얘기입니다. 그래서 팥죽을 먹습니다.

스님: 여러분 내가 중요해요? 다른 사람이 중요해요?

신도들: (이구동성으로) 나요~

스님: 맞습니다. 내가 중요하지요. 그래서 다른 사람도 중요한 겁니다.

　설법이 끝나고 의례들을 하고, 마치고 나오니 식당에서 점심 공양으로 팥죽 한 그릇씩을 대접한다. 담백한 맛에 차가운 동치미와 같이 먹으니 맛이 환상적이다.

　식당을 나오니 불자들께서 집에 팥죽 갖고 가라고 한 묶음씩 주신다. 훈훈한 인정을 느끼며 길가로 나오니 사찰에서 걸어둔 현수막이 눈에 띈다.

🎅 Merry Christmas 🎄
- 아기 예수님 탄생을 축하합니다 -

기사들끼리 한 해가 저물어 가는 마지막 날, 차 안에서 대리를 부르는 콜을 기다리며 새해소원들을 말한다.

기사 1: 난 마누라와 잘 지내는 게 제일 우선이야~

기사 2: 올해 또 못 지키겠네~ ㅋㅋ

김대리: 맞아. 젤 힘든 소원이넹. ㅎㅎ

기사 1: 새해 1월 1일 해 뜨는 거 보러 가나요?

기사 2: 가요. 마누라가 그런 걸 좋아해서…. 종교는 갖지 않았지만 뭔가를 믿으려 하는….

김대리: 뭔가 확신을 가지면 든든하지요.

기사 1: 난 1월 1일 해맞이 안 가요. 담날 2일에 가요.

기사 2: 잉? 왜요?

기사 1: 새해 해맞이 보려고 전국 산들, 바닷가에서 엄청난 사람들이 동시에 소원들을 비니 받아주시는 분께서 과부하가…. 그래서 난 2일 아침에 가요. 한가할 때. 그럼 그분이 여유 있게 내 소원 다 들으실 것 같아서. ㅎㅎㅎ

김대리: 와~ 맞는 말! (박수 짝짝짝)

기사 1: 저는 첫째가, 하는 일들 잘 되고, 건강과 행복이…. 둘째는 복권 매년 안 되지만…. ㅋㅋㅋ

　모두들 한바탕 웃는다~

10. 억수로 그리 먹어야 하나

60대 남자 고객의 차에 올랐다. 날씨 등 이런저런 이야기를 나누다가 그분이 말한다.

고객: 요즘 먹방이라고 하죠? 나도 먹는 거 좋아해 유튜브서 이리저리 찾다 보면, 먹방이 나오는데 문제가 있어. 우리 어렸을 때는 먹는 것이 부족했고, 먹는 것에 대한 소중함, 간절함이 있었는데, 요즘 젊은이들은 먹는 것을 하찮게 여기는 것 같아.

김대리: 예, 저도 먹방을 봤는데, 앉은 자리서 라면을 열댓 개 먹는가 하면, 큰 세숫대야 크기의 접시에 파스타 가득한 것을 먹는 먹방, 30센치 돈가스, 고기 열댓 인분을 십오 분, 이십 분 만에 뚝딱 먹어 치우더라구요.

고객: 그걸 먹는 젊은이는 돈을 억수로 벌지는 몰라도…, 유튜브가 전 세계 어디서나 볼 수 있는 것이니, 북한 사람이나 아프리카에서 굶는 어린이들 어른들이 본다면 어떤 생각을 할까?

김대리: 아무리 재미라곤 하지만 볼 때마다 저도 좀 거북했어요.

고객: 그러게요. 먹는 것을 낭비하고 장난삼아서… 못 먹어 영양실조 걸린 어린아이들은 한 끼에 생존이 걸렸는데… 얼마나 간절하겠어요.

김대리: 돈을 많이 번다고는 하는데 건강도 안 좋아지겠지요? 혈당 올라가지, 계속 하다 보면 위도 늘어나고, 당뇨병도 걸릴 듯싶더라고요….

고객: 저도 걱정돼요.

11. 참을 인(忍) 세 번은 부족!

연세 드신 개인택시 사장님 차에 타게 됐다.

김대리: 사장님 제가 감히 택시를 몰게 되다니 영광입니다. 사장님께선 경험이 엄청 많으실 텐데, 제가 운전이 좀 서툴러도 이해해 주십시오.

고객: 아~ 네! 편안히 하시면 됩니다.

김대리: 남들은 퇴직을 하는데, 개인택시이니 건강이 허락할 때까지 일하시고 좋으시죠?

고객: 얼마 전 차를 바꾸어 새 차를 사서 잘 운행해 왔는데, 외국인이 음주운전을 하고 제 차를 받았습니다. 음주운전은 보험 혜택을 못 받잖아요? 처지가 딱 해서, 보험처리를 안 하고, 실비로 차를 고치는 것만 했습니다.

김대리: 택시기사님이시니, 하루 일당도 받으셔야 하는데 보험처리를 안 하셨으면…?

고객: 예, 못 받고 싶었지요. 하지만 제가 좋은 일을 했으면, 언젠가는 저에게도 좋은 일이 생길 거라는 생각을 합니다.

107

김대리: 예~ 좋은 일들이 생길 겁니다! 그간 택시 하시면서 어려움도 많으셨겠어요?

고객: 종종 진상 손님들을 만나는데, 택시에서 오줌을 누거나, 침 뱉고, 욕하고…, 이런 일들이 자주 생깁니다. 그럴 때면 다음 날 아침 아내와 밥 먹으며 간밤에 있었던 이야기하는데, '아내에게 '참으라!'는 말을 세 번이 아니라, 무한 반복 들으며 가라앉혔죠. 아내 덕에 이 일을 해요~ 안 그랬으면, 저도 손님들과 치받고, 십년 전 택시를 접었을 거예요. ㅠㅠ

김대리: 그렇겠어요. 저도 아주 가끔 진상 손님 모시게 되면 살살 달래면서 가지요. 저도 속마음으론 바로 내려서 '당신이 알아서 집으로 가라!' 하고는 돌아서고 싶은 때가 많았지만, 아내와 대리회사를 생각하면서 참지요.

고객: 아내가 있으니 보람도 있고, 신도 납니다.

김대리: 새해 복 많이 받으시고, 늘 안전 운전하시고요, 건강하십시오. 그리고 올해도 좋은 일들 가득하시길 바랍니다. 감사합니다.

한겨울 밤 1시경 어느 한적한 시골 아파트 앞에 도착해 내렸다.

옷을 대여섯 겹 입었어도 밤 추위는 뼈까지 오그라들게 한다. 근처 24시간 편의점이 환하게 불이 켜져 있어 들어가니, 외국인 남자가 알바를 하고 있다.

김대리: 어느 나라에서 왔어요?

외국인: 네팔요

김대리: 아~ 그래요? 추운데 밤늦게 고생 많아요. 몇 시까지 일하세요?

외국인: 밤 10시부터 다음날 새벽 6시요.

김대리: 낮에도 일해요?

외국인: 예, 삼겹살 고깃집에서 1시부터 밤 8시까지 일해요. 버스 타고 다녀요.

외국인들은 식당 설거지, 고깃집 숯불 관리, 홀 서비스, 룸메(호텔방 치우기), 편의점, 비닐하우스, 건설현장, 어선 등 곳곳에 들어가 오늘도 고달픈 일들을 묵묵히 하며 하고 있다.

13. 술주정

추운 밤, 늦은 시간 중년 여자와 나이 든 남자가 탄 차에 올랐다. 이들은 노래방서 나왔는데, 남자는 술이 많이 취한 듯 뭐라고 계속 반복해 이야기한다. 출발 전 뒷좌석에 앉은 여자 고객이 대리비를 주길래, 나는 바로 거스름돈을 주니까 여자가 몇 번 사양하다가 받았다. 이 장면을 본 남자가 상황을 잘못 보고 한마디 한다.

남자 고객: 택시는 목적지를 말하면 바로 가는데, 대리기사는 어디를 경유하면 팁을 요구한다.

여자 고객: 아니에요. 대리기사님이 잔돈을 거슬러 주셨어요.

남자 고객: 택시는 목적지를 말하면 바로 가는데, 대리기사는 팁을 요구한다. (대여섯 번 반복)

김대리: 아닙니다. 고객님, 대리비를 주셔서 잔돈을 드리니 안 받으셔서 그랬던 것입니다.

111

여자도 아니라고 여러 차례 이야기해도 남자는 듣지 않는다.

이윽고 경유지에 도착해 남자는 내렸다. 그제야 여성이 내심을 털어놓는다.

여자 고객: 아이고…, 오늘 노래방 사장 언니가 갑자기 노래도 할 필요도 없고, 그냥 손님 이야기 들어만 주면 된다고 갑자기 오라고 해서 무심결에 노래방에 왔는데…. 어휴 남자가 소리를 지르지는 않고 조용하게 이야기하는데, 계속 반복해서 이야기하니 몇 시간을 듣는 것이 고역이었어요. ㅠㅠㅠ

김대리: 애고, 힘드셨겠네요. 술 드신 분들 특징이잖아요. 한 말 또 하고, 또 하고…, 엉뚱한 이야기들 하고…. 돈 버는 일이 얼마나 힘드세요?

여자 고객: 정말 온갖 말들 계속 듣고, 견디어야만 몇만 원 손에 쥐는데 정말 더럽고 치사하죠. 만약 남편이 그랬으면, '입 닥쳐!' 했을 텐데 그러지도 못하고. 얌전히 듣고 있느라…. 단골이라 사장 언니 생각해 꾹 참았죠.

김대리: 맞아요~ 확 질러댈 수도 없고….

여자 고객: 남편은 자기가 술 담배 안 하니, 행복한 줄 알라는 말을 종종 하는데, 이해가 되네요. 대리기사님도 손님들에게서 많이 겪었겠어요.

김대리: 예. 열댓 분 손님 중 한두 분은 진상 손님들 모시는데 많이 힘듭니다. 일단 목소리가 비행기 뜰 때 나는 소리이고요. 한 말 계속해 반복하지요. 목적지

까지 20분 가는 내내 왜 이 길로 가냐 등등. 어쩌고저쩌고를 한 열 번은 반복해요. 아무리 설명을 해도 계속….

이윽고 목적지에 도착했다. 여자는 나에게 자기 이야기 들어주어 고맙다는 말을 여러 번 한다.

김대리: 그런 손님들 안전하게 집에 모셔 드리는 게 대리기사의 일이니, 마찰 일으키지 않고, 잘 참아가며 합니다. 감사합니다. 고생 많으셨는데, 편안한 밤 되십시오.

여자 고객: 예~ 저도 감사합니다. 안녕히 가세요!

14. 나도 이젠 힘에 부쳐

매우 추운 겨울밤, 80대 노인분의 차를 탔다. 그분은 시골 외곽에서 소를 키운다고 한다.

고객: 소들을 열댓 마리 키우는데, 소값이 떨어져 죽겠어여~

김대리: 얼마나 합니까?

고객: 중간 크기 소가 3백은 했는데 지금은 150밖에 안 해. 사룟값이 엄청 올랐어. 풀들도 수입한 것 사서 먹이고, 매일 사룟값이 10만 원 들어가면, 한 달에 3백만 원 사룟값인데, 빚내고, 땅 팔아 살리고 있어요. 출하(도축)를 하고 싶어도, 반값이라⋯. 이러지도 저러지도 못해. 어떡해? 살아 있는 놈들이니 밥을 굶길 수도 없고, 사룟값은 비싸고 관리하기도 쉽지 않고⋯. ㅠㅠ

김대리: 애고, 매우 힘들겠어요. 축산 농가에 정책적인 지원은 없나요?

고객: 지원금도 찔끔찔끔 주면 아무 소용이 없어. 선거 표 얻으려는 단체들 줄 예산은 있어도 농어민, 축산민에게 지원할 예산은 매우 적고⋯. 농민들이 농사지

어 양파, 고추가 풍년이 되면, 양파값, 고춧값은 확 떨어져. 소도 똑같아. 값이 폭락하고…. 먹는 소비자는 수입산으로 가격을 연중 계속 낮추니까 좋겠지만, 한우 축산 농가들은 사료비는 크게 오르고, 한우 가격은 떨어지고, 어떻게 하란 말인지?

김대리: 그렇네요. 모든 부담을 생산자에게 돌리니….

고객: 그러니 우리 노인 세대들이 축산 농가는 마지막이야. 나도 이젠 힘에 부쳐. 옥수수 줄기들을 분쇄기에 돌려 쪼개서 사료로 먹이는데, 이 일도 힘에 부쳐…. 젊은이들도 누가 하겠어? 안 와! 끝이야!

목적지에 도착하니 비닐하우스가 보여, '잠시 보여주셔도 되냐?'고 물으니, 비닐 문을 열어주신다. 비닐하우스 안은 약한 형광 불빛에 한기가 한껏 느껴졌다.

고객: 소는 영하 30도에도 살아.

소들도 충분히 먹지 못해 그런지 말라 보인다. 새끼는 빨간 보온열 아래서 덮개 옷을 입고 추위를 견디고 있었다. 유난히 더 추워 보이는 겨울밤이다.

15. 실수도 복으로 와요

　시어머니와 40대 아들, 며느리가 탄 차에 올랐다. 손주들 키우는 얘기와 식사 잘한 것을 서로 대화를 나눈다. 나는 그들 얘기를 재미있게 듣다가, 그만 목적지를 전혀 다른 곳으로 갔다. 그래서 한참 돌아가게 되었다.

김대리: 아이구~ 죄송합니다! 제가 깜빡하고 다른 곳으로 갔습니다. 제 실수입니다.

며느리 고객: 아니에요. 괜찮아요. 밤길에 안전하게 가시면 돼요.

김대리: 제가 내비게이션에는 가는 목적지를 잘 찍어 놓구도, 전혀 다른 곳으로 갔네요. 죄송합니다.

아들 고객: 괜찮습니다. 저도 이 길로 오는데 좀 이상하다고 생각은 했는데, 대리기사님이 이쪽 지리를 잘 아시니까 말 안 하고 가만히 있었습니다.

한참 돌아가서 목적지에 15분 넘게 늦게 도착했다. 같은 일행이 먼저 와 기다렸다.

김대리: 제 착오로. 한참 돌아왔으니 제가 대리비 만원은 안 받겠습니다. 제 실수로 돌아오느라 기름도 더 들고, 시간도 더 걸렸으니….

며느리는 뜻밖에 계속 나를 격려하며, 대리비에 오히려 팁까지 더 주었다. 나는 정말로 죄송한 마음에 거듭 사양했지만, 워낙 의향이 강해 할 수 없이 받았고, 감사의 인사를 했다. 마음이 짠했다.

내 생각엔, 사람은 누구나 실수도 하는데, 상대방에게 피해를 줄 수 있다. 그때는 감추려 하지 말고, 실수를 인정하고, 사과하고, '죄송하다, 미안하다'는 표현을 여러 번 하면, 상대방은 오히려 동정심과 감사의 마음까지도 가질 수 있다는 것을 느낀 시간이었다.

16. 곧 거대한 쓰나미로

춥고 매서운 바람이 부는 어느 밤 시골 사는 부부를 모시게 되었다.

남편 고객: 사장님~ 도시가 밤에도 밝고 부럽네요. 저희가 사는 시골은 저녁 되면 깜깜합니다. 저희가 사는 곳은 사람들이 찾아와도 스쳐 지나가지, 체류하지 않습니다. 체류할 숙박시설도 내세울 만한 것도 없구요.

김대리: 저도 밤에 대리운전하며 시골에 많이 가는데, 초고령 노인들이 사는 인적 드문 곳밖에 없습니다. 국가에서 시급히 인구정책과 농어촌을 살리는 일들을 최우선 과제로 해야 합니다.

남자 고객: 맞아요. 지방소멸 위기에, 아기를 볼 수가 없는데 뭣들하고 있는지…? 자잘한 정책들 말고, 획기적인 지원과 정책들이 있어야 하는데…. 인구 감소와 지방소멸은 거대한 쓰나미로 곧 닥치는데도…. 이제 쪼끔만 더 지나면 '백약이 무효'(百藥無效)라고나 할까요? 그런데도 자기들 정쟁들만 하니…. ㅠㅠ

김대리: 예, 그렇습니다.

목적지에 도착하고, 인사를 나누며 헤어졌다. 추위와 바람을 피하려고, 공중화장실에 들어와 픽업 차가 올 때까지 15분여 기다렸다. 요즘은 시골 화장실도 겨울에 난방하여 따뜻하고 청결하게 관리한다. 지난 과거를 생각하면, 아니면 이 한밤중에 집에 있으면 따뜻하게 보내는 시간인데, 서러운 마음도 들었지만, 이내 공중화장실도 나를 따뜻하게 보호해주니 고마운 마음이 든다.

17. 사람에게 SOC 투자

50대 중반 여자가 탄 차에 올랐다. 소도시서 직장을 다니는 것 같아 보인다.

김대리: 요즘 날씨가 춥지요?

고객: 네 몹시 추워요.

김대리: 대리를 하다 보면 시골로, 소도시 사주 가게되는데, 저녁 이후엔 길거리가 깜깜합니다. 사람들도 안 다니고, 상점들도 대부분 저녁 일찍 문 닫고⋯.

고객: 맞아요. 어제오늘 일 아닌데요. 참으로 암담합니다. 애들도 없고, 이젠 거동도 못하실 정도의 어르신들만 남아있어요. 낮에 인구 일이십만 중소 도시들 가보면 폐점한 상가들이 즐비해요. ㅠㅠ

김대리: 그래요~ 예전엔 70대 층이었는데, 이젠 80, 90대층으로 더 고령화가⋯.

고객: 제가 속이 답답한 게 나라에서 SOC 사업이다 뭐다 해서, 도로, 철도, 비행장 만드는데, 매년 수십조 쓰잖아요? 물론 지방도 교통이 잘 연결돼야 하는 건

맞는데, 국회의원들이 선거용으로 자기 당선되려고 낭비 예산이 얼마나 많겠어요?

김대리: 맞지요.

고객: 저출산, 저출산 하는데, 제 생각인데요. 지방자치에서 출산하면 몇백만 원으로 간에 기별도 안 가게 찔끔 지원하는데 생색내기 아니에요? 턱도 없지요. 결혼 안 한 젊은이들이나, 젊은 부부들이 가당찮게 생각하죠. 양육비가 얼마나 많이 드는데…. ㅠㅠ

김대리: 맞아요. 매년 지방자치 예산 남으면 도로포장 하고, 멀쩡한 보도블록 교체하고…, 의원들 해외출장 관광 가고…, 저들 월급 올리고….

고객: 그래요! 출산지원엔 정책적인 관심없고 지방소멸 말로만 하죠. 만약 십 년 전부터 국가지원으로 1억 지원했다면…, 예를 들면 1억을 3살까지는 매년 2천씩, 4살부터 초등 입학 전까진 천씩 지원하고요. 그다음에 국가에서 다시 예산계획 세워 초등학교 때 매년 천씩 지원하고, 중고등학교, 대학교까지도 무상교육할 수 있을 거예요.

김대리: 와~ 그랬다면 출산율 올라갔겠죠. 물론 돈 지원이 다는 아니지만…, 일자리, 병원, 유치원 지원도 같이 가야겠죠!

고객: 지금은 3억, 5억으로 해야 해요. 1억도 늦었어요! 국가 토목, 도로, 그리고 이 작은 나라에 앞으로도 지방에 비행장 열 개를 더 짓는다 하니…, 나 원 참. 탈 사람도 없는데 한심하죠! 건설 예산 줄여 저출산 예산 5조 원, 10조 원 늘려

야지요. 자기들 권력 가지려는 정쟁들 그만하고…, 서로 힘을 모아도 모자랄 판에…. 지긋지긋해요!

김대리: 그렇습니다. 사장님 상당히 많이 생각하셨네요.

고객: 지금도 텅 빈 도로들, 텅 빈 열차들 얼마나 많은데요. 사람 없는데, 새로 깔기만 하면 뭐합니까? 사람에게 SOC 투자해야죠. 지방 주택정책, 병원, 산업단지, 농촌단지에 청년들이 들어올 수 있도록 과감한 지원대책이 필요하지요.

김대리: 다 옳은 말씀입니다. 땅에 깔던 돈들을 사람 인프라에 지원하면 아직 실낱같은 희망도 있을 듯합니다. 오늘 좋은 말씀 들었네요. 감기 조심하시고 건강하십시오!

18. 아내들의 반란

아직 봄이 오지 않아 늦추위가 있는 밤에, 60대 후반 70대 부부 세 쌍이 타 꽉 찬 차에 올랐다. 그들은 노래방에서 나온 듯했다.

즐겁게 큰 소리로 얘기들 한다. 아내들이 남편 숭(흉)을 본다.

여자 고객 1: 난 다음 생에 대시 태어난다면 술 안 먹는 사람과 살고 싶어.

모두 크게 웃는다.

여자 고객 2: 내 남편은 술 먹고 들어오면 살려 달래~ ㅋㅋ

남자 고객 2: 내가 언제? 기억도 없다.

여자 고객 1: 소리 안 나는 총 있으면 저 이(남편) 쏘고 싶어~! ㅋ

남자 고객 1: 난 중독자 치료 병원 들어가는 게 제일 두려워.

여자 고객 1: 창고로 보낼 거야! ㅋ

여자 고객 3: 우리 부모님은 술을 못 해. 나도 소주 두 세잔만 마셔도⋯. 쓰고 맛도 모르겠어.

남자 고객 2: 술 좀 배우면 술~술~ 넘어가~~ ㅎㅎ

여자 고객 2: 당신은 친구 ○○○하고 사귀나 봐~ 어떤 땐 며칠 안 들어와.

남자 고객 2: 며칠 여행도 가서 술 먹다 보면⋯.

남자 고객 3: 당신 만약 20대 젊은 시절로 돌아간다면? 제일 하고 싶은 거 뭐야?

여자 고객 3: 난 감수성 풍부한 남자 만나고 싶어. 당신은?

남자 고객 3: 난 왕십리 석탄 쌓은 곳 옆에 조그만 밭때기라도 사고, 강남에 연탄 때는 코딱지만 한 7평 아파트서 살고 싶다. ㅋㅋㅋ

아내들이 속에 얹혔던 말들을 꺼내며 다들 깔깔깔 웃는다.

19. 귀농도 좀 있어야

겨울밤 시골 농촌으로 가는 60대 중반 남자가 탄 차에 올랐다.

김대리: 사장님, 요즘 밭농사 작황이 어떻습니까? 좋으신가요?

고객: 저는 농사 안 하고, 건설현장 다닙니다. 그것도 요즘 일감도 줄고….

김대리: 그래도 농촌에 사시니 농민에게 주는 혜택이 없나요? 면세유, 주부들에게 주는 혜택?

고객: 하나도 없어요. 농사짓는 농민에게는 직불금도 있지만, 나같이 농촌에 사는 사람은 없어요. 귀농, 귀촌하는 사람들도 돈이나 땅이 있어야 지원받지, 돈 없고, 땅 없는 사람은 아예 혜택이 없어요. 제가 여기 귀촌해 들어올 때, 쓰레기봉투 스무 장 받은 게 전부예요. 껄껄껄!

김대리: 종종 텔레비전에서 보면, 귀농한 사람, 젊은 친구들이 성공한 사례들 나오잖아요.

고객: 걔들도 부모가 땅이 3천 평, 5천 평이라도 있는 집이지, 그냥 와서는 자리 못

잡아요.

김대리: 보이는 것과 현실은 다르네요.

고객: 대대로 살아와 땅이 있는 집 자식이 귀농 귀촌하면, 은행들이 돈 갖다 쓰라고 찾아오지만, 나같이 없는 사람은 대출은 꿈도 못 꾸죠. 하기야 은행도 나같은 사람에게 뭘 믿고 돈을 꾸어주겠어요? 도시에서 가난하게 살았지만, 농촌에 와서도 가난한 사람은 더 힘듭니다~! ㅠㅠ

김대리: 농촌인구가 급격히 줄어드는데…, 정부나 지자체가 청년, 보통 귀농자, 은퇴자에게도 적극 지원하는 정책들이 시급히 나오면 좋겠네요~

고객: 꿈도 꾸지 마세요. 어느 세월에… 온통 규제들만 차고 넘쳐요.

김대리: 맞아요. 밭에서 일하면 농막이 있는데, 화장실은 불법이래요. 그러면 들판 밭에서 하루 댓 번 소변보라는 얘기잖아요. 기본 생리적 일도 고려 안 하고…, 여자들은 어떡합니까? 탁상행정이죠! 수십 년 된 법인데도 고칠 생각을 안 해요. 물론 호화 농막은 규제해야죠. 하지만 대다수가 불편을 겪고 있어요. 관공서에 얘기해도, 자기들 소관 아니라고, 중앙부처에 직접 민원하라는 얘기만 반복해요. ㅜㅜ

고객: 오늘 건설하는 회사 사람들과 회식하는데 어떤 동료가 '내가 우선 살아야 한다. 자본주의이니 내 것을 해놓고, 챙겨놓지 않으면 도와줄 사람 없다'고 하는데 맞는 말이에요. 저도 나이가 많아 몸도 아프고, 일자리도 불안하고…, 심경이 복잡합니다.

김대리: 오늘 사장님 모시고 잠시지만, 현실을 조금이나마 알게 됐네요. 감사합니다. 몸 건강하십시오!

고객: 예~ 밤길 조심해 가세요.

20. 같은 하늘 아래, 자유가 없고, 있고

한겨울이지만 낮에 포근하고 밤에도 추위가 덜한 날이었다. 남자 탈북민이 잠시 대리운전을 해서, 궁금했던 것들을 직접 들어보고 싶었다.

김대리: 여기 적응하면서 제일 어려운 게 뭐예요?

탈북민: 저는 한국 와서 중장기, 지게차 자격증을 따서 여러 공장과 현장에서 일 배우며 살아왔어요. 잠시 다른 일 해보려고 대리운전 나왔어요. 그런데 대리운전은 제가 남한말이 서투르고, 영어 상점 간판, 외국어 아파트 이름 등이 많아 기억하기도 힘들고, 내비에 글쓰기도 힘들어요. ㅜㅜ

김대리: 정말 그렇겠네요. 요즘 아파트 이름이나 가게 상호를 대부분 여러 외국어로 하니…. 부모님들이 못 찾아오게 하려고 어려운 외국어로 한 대요. 저도 헷갈려요.

탈북민: 여기 사람들은 일이 힘들다고 기피하는데, 통일되면, 그런 일 북한 사람들에게 하라고 하면 모두 너무 잘할 거예요.

김대리: 그래요~ 탈북 전 북한 실정은 어땠나요?

탈북민: 저는 고향이 함경도인데, 요즘처럼 겨울철이면 땔감이 없어요. 산에 나무들 다 자르고, 그게 넓어지면 밭으로 써요. 배고프니, 먼 이웃집 밭에 가서 채소들도 훔쳐먹지요. 군인들도 민가에 내려와 개, 닭, 돼지까지 도둑질해요. 그래서 축사에 키우지 않고, 집 안에서 키워요. 돼지는 사람도 먹을 게 없으니, 사람 인분으로 키우죠. 그런데 맛이 있다고 해요. 그리고 은행이 없으니, 현금을 집에 숨겨두는데, 도둑들이 들이닥치면 집 구석구석을 다 뒤져서 훔쳐가요.

김대리: 심각하네요.

탈북민: 그리고 마을 사는 곳에 두 집끼리 서로 감시하게 하고, 그 마을을 감시하는 총 감시인이 있어 동향들을 살피고 즉각 즉각 보고하게 해요. 가까운 곳에 이동하려고 해도 증명서가 있어야 하는데, 증명서 받기가 쉽지 않죠. 그래서 몰래 잠시 어디 시장에 가서 뭐라도 팔러 갔다 오면 총감시인이 바로 알고, '신선한 바람 맞고 왔는데, 혼자 그러면 되느냐?'고 하면, 바로 알아서 주머니에 돈 찔러 주죠. 그러면, '앞으로 잘하라우' 하며 눈감아줘요. 안 그러면 찍혀서 괴롭히고, 심하면 감옥에 가기도 해요.

김대리: 어딜 자유롭게 다닐 수가 없으니…

탈북민: 평양에 기차 타고 가려면, 3일 넘게 걸려요. 평양도 아무나 못 가요. 신청하기도 쉽지 않고, 그 이유가 반드시 있어야만 겨우겨우 허가증을 받지요. 여기 아무 때나 가고 싶은데 있으면 전국 어디든 다니잖아요. 가족들이 캠핑

카 끌고 산, 바다 어디든 가잖아요. 제주도 가는데도 허가증 필요없고… 대한민국엔 자유가 있어 얼마나 좋은 나라입니까? (환하게 웃는다.)

김대리: 예, 자유가 있으니 너무 좋지요. 그런데 평양 가는데 왜 그리 오래 걸려요?

탈북민: 기차가 가다가 갑자기 몇 번은 전기가 끊겨요. 그러면 다섯 시간이고, 열 시간이고 기차 안에서 꼼짝없이 기다리면서 가다 서다 하다 보면 사나흘 걸리죠. 그러면 멈췄을 때 그쪽 동네 사람들이 먹을 것들을 장사하면 사 먹거나. 출발 때부터 사나흘 먹을 것들을 한 보따리씩 싸 들고 가요. 며칠 동안 기차를 타야 하니까요. 여기 와서 KTX 타고 깜짝 놀랐죠. 부산까지 시속 300킬로로 2시간 20분 만에 가다니…. 명절 며칠 동안 텔레비전에서 2천 만대가 고향길 오가는 장면들이 나오잖아요. 해외여행도 일 년에 천만 명 넘게 가고, 그것도 개인들이 가고 싶은 나라들 각자 마음대로 계획 세워서 가잖아요. 자유가 어마어마합니다. 제기 대한민국에 정착해서 제일 부러운 게 자유에요. 이런 걸 북한 주민들이 상상이나 하겠어요? 깜깜이잖아요. 북한의 통제사회가 어마어마하게 무서운 거지요.

김대리: 여긴 늘 자유가 있으니, 자유의 소중함을 모르지요.

탈북민: 북한은 여기(남한)처럼 도로가 아스팔트로 되어 있지 않아요. 정유를 정제하고 맨 마지막에 쓰레기로 남는 게 아스팔트인데 정유가 귀하니 아스팔트를 못 깔아요. 읍내 도로는 콘크리트 도로가 되어 있지만 골목길은 다 흙이에요. 그래도 부자들이나 관료들은 자동차가 흙먼지로 덮여도 싼값에 세차하니 문제를 몰라요. 세차를 맡기면 서로 하려고 경쟁하니 세차를 싸

게 하는 거죠. 그래서 골목길 콘크리트도 할 필요를 느끼지 않는 거 같아요. 여기는 시골길 한참 들어가도 다 아스팔트로 쫙 깔려있잖아요. 흙길을 찾기가 어려울 정도로. 얼마나 부러운지…

탈북민: 북한에서 살면 두 부류가 있어요. 소극적인 사람들은 배고파 영양실조로 죽거나, 추위로 동사하거나, 조금 잘못해서 감옥 가고, 이동의 자유가 없는 사회에서 그냥저냥 살다가, 일찍 죽는 경우가 많죠. 반면에 적극적인 사람들은 눈빛이 반짝반짝하고 머리를 많이 굴리죠. 감시인들에게 돈도 찔러줄 줄도 알고, 그대신 시장에 나가 뭐라도 팔고, 밭에 나가 도둑질도 해요. 북한은 사람들을 얼기설기 묶어 놓은 게 많아 불법이 안 되려야 안될 수가 없어요. 여기(남한) 같으면 하나도 불법이 아닌데, 거기(북한)는 뭐든지 못하게 하니 생존하려면 불법을 해야 살아야 살아남아요.

김대리: 여기는 웬만하면 70세가 뭐예요? 80, 90세 넘도록 잘 먹고 장수하잖아요. 병원시설 좋지! 어렵게 사는 독거노인들에게 도시락 배달해주고 복지관 가면 밥도 이천 원이면 먹을 수 있지요. 반찬도 잘 나오고 마을회관이나 경로당 가면 냉난방 잘되고, 식사도 제공받고, 하루종일 있어도 집보다 낫고 재미있으니 다들 나오죠. 마트 가면 온갖 물건들이 산더미처럼 쌓여있지요. 과자, 라면 종류들도 엄청 많고…, 매번 눈이 휘둥그레져 나옵니다.

탈북민: 북한 사람들 정말 안타깝고 불쌍해요. 배급 쌀 겨우 먹고, 영양실조로 애들은 키도 안 크고…, 여긴 우유도 분유도 넘쳐나잖아요. 이런 얘기 하자면 며칠 해야 합니다.

김대리: 한반도가 작은 땅덩이인데, 같은 하늘 아래서 이렇게 하늘과 땅만큼 차이가 나니 안타까워요.

탈북민: 대리로 운전을 하면 내 억양이 달라, 손님들이 '중국서 왔냐?'고 물어요. '북한서 왔다'고 대답하면 내릴 때까지 이런 질문들을 많이 해요. 그리고 내릴 때는 2만 원도, 많으면 5만 원도 팁으로 줘요. 고맙지요. 저도 대리하면서 온갖 고급 외제 차들 다 타보는 행운도 있잖아요. 북한 최고위급들이 타는 차보다도 더 좋은 차들을 여기선 웬만한 보통 국민들이 타고 다니니, 얼마나 좋은 세상입니까?

김대리: 그러게요. 듣고 보니 북한과 남한이 격차가 너무 커서….

탈북민: 제가 양쪽을 다 겪었잖아요? 정말로 대한민국은 자유와 민주주의가 둘 다 함께 있는 나라라서 크게 발전했잖아요. 저쪽은 둘 다 없으니 사는 게 정말 최악입니다.

김대리: 그러게요. 실제 겪은 이야기 생생하게 잘 들었네요. 고마워요. 늘 건강하고, 잘 버티어 나가세요. 파이팅!

春 봄밤 벚꽃의 기지개, 활력

 ## 1. 나가서 꿈쩍하면

건설현장에서 일한 듯한 70대 남자 차에 올랐다. 시골로 가며 한동안 침묵하다가 내가 먼저 입을 열었다.

김대리: 이제 봄 되어 농사일 시작하느라 바쁘시죠?

고객: 난 쌀 쪼금, 밭에 고추, 옥수수, 가지들 쪼금씩 해요. 직불금 받으려고 하기는 하는데, 안 받고 농사 안 짓는 게 나아.~ 그거 쪼끔 받고… 비료, 농약, 인건비가 훨씬 많이 들어가니… 하지만 놀리면 벌금 맞으니 어쩔 수 없이….

김대리: 맞습니다. 몇천 평 밭농사 지으려면, 농협에서 지원해주기는 하지만, 비료, 농약, 인건비까지 많이 들어간다고 들었어요.

고객: 응, 그래서 (농사로 안 되니) 노가다(힘든 일, 주로 건설일) 나가 벌어먹고 살아.

김대리: 그렇겠네요.

고객: 나가서 꿈쩍하면 1원이든, 1억이든 버는 거야. 인생이 넘 짧아. 내가 몇 번 실패했거든. 한번 실패하면 십 년 걸리고…, 만회하려고 희망 갖고 일하다 보면, 또 실패하고….

김대리: 애고, 몹시 힘들게 살아오셨네요. 이젠 연세도 많이 드셨는데, 건설일 하시는 것도 힘에 부치실 텐데요. 건강은 괜찮으세요?

고객: 십 년 전 허리 협착증 수술을 했어. 작년, 올해 갈수록 안 좋네. 벌어 놓은 것도 없는데….

김대리: 여러모로 힘드시네요. 어쨌든 넘 무리하지 마시고요. 건강하셔야지요. 어느새 도착했네요. 안녕히 계십시오!

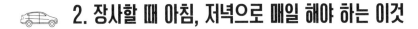

2. 장사할 때 아침, 저녁으로 매일 해야 하는 이것

50대 여자 고객 셋이 탄 차에 올랐다. 세 사람은 저녁 먹으며 애기 나눈 것들을 계속했다.

여자 고객 1: 요즘 젊은이들이 카페서 일하는 것도 쉽지는 않다는 걸 이해해. '카페' 하면 깔끔하고 손님들도 좋은 줄 아는데, 내가 십여 년 카페서 일해봤지만, 별의별 손님들 다 있고, 무례하고 무조건 우기는 손님들도 많아. 그런 거 다 받아주면서, 참고 견뎌왔다….

여자 고객 2: 카페도 그렇구나. 음식점보다는 나을 줄 알았는데. 음식점도 손님들이 까탈스럽게 하는 사람들 얼마나 많은데…, 그런 거 지겹게 견디면서 여기까지 왔다.

여자 고객 1: 카페는 음식점보다는 덜하겠지만 괜찮겠지. 손님들이 좋겠지 하면 안 돼! 그래서 젊은 애들이 우리 같은 나이 든 손님들에게서 갑질 겪고 우는 애들도 많이 봤어. 어쩌겠냐? 달래줘야지.

여자 고객 2: 그래! 세상 어디고 만만한 곳이 없어. 장사하려면, 구멍가게든 영업이

든, 사업이든 다들 아침마다 냉장고에 간을 꺼내놓고, 참아가며 하루하루 돈 벌고, 밤에 와서 다시 집어넣고⋯ 이거 반복 안 하면, 장사 못 해.

여자 고객 1: 응~ 나도 당장에라도 뛰쳐나오고 싶은 게 항상 있지!

김대리: 저도 대리하면서 진상 손님들 만나면 자존심 다 버리죠. 고분고분 달래기는 하지만 오장육부가⋯.

여자 고객 1: 다들 병원 가서 간 초음파, 위, 대장 내시경 한번 받아봐야겠다! 다들 제자리에 잘 끼워져 있는지?

모두 웃으며 하루의 긴장들을 푼다.

3. 둥글 마인드

젊은 남자들이 60대 초반 여자에게 깍듯이 인사를 하며 헤어진 후, 여자가 탄 차에 올랐다.

김대리: 안녕하세요? 잠깐 봤지만, 직원들이 사장님을 좋아하고 잘 따르는 것 같아요.

고객: 예, 같은 직장 사람들인데 저녁 회식하며 술 한잔했습니다. 제가 빠질 수도 있지만, 꼭 같이 식사합니다. 그렇지만 직원들 다루는 것 쉽지 않은 일이에요. 일능력, 성격, 팀워크와 협력, 성과 등등 생각해야 할 게 많지요.

김대리: 그렇겠습니다.

고객: 저도 사업을 쭉 해왔지만, 둥글둥글하게 사는 게 좋다고 봐요. 모질게 하고, 싸가지없이 살면 제외되지요. 그래서 사람은 둥글둥글하게 살아야 합니다. 그러면 해결되는 게 많아요. 사람들 관계도 연결 안 된 게 없어요. 서로 모르는 이 사람, 저 사람이지만, 나중에 연결되는 걸 보면 놀라워요. 그래서 누구에게든 잘할 필요가 있어요.

김대리: 아~ 둥글둥글하게 사는….

고객: 그게 인정이라고 생각해요. 그동안 많은 사람들, 거래처 사람들, 지역 사람들, 직원들, 친지, 가족에까지 가만히 보면, 다 인정이 있어야 합니다. 인정이 있다는 게 그냥 좋은 게 좋다고 무르게 사업을 한다는 말은 절대 아니고요. 정확히 단호하게 하면서도 사람들 관계는 따뜻하게 인정 있게 한다는 것이죠. 그러면 신뢰와 책임감이 생기고, 이 사람과 사업을 하고 싶은 마음이 움직이지 않겠습니까?

김대리: 사장님 나름 얼마나 힘든 일들도 많으셨겠습니다만, 지금까지 나름 경영철학이 깔려있으셨네요. 아무쪼록 하시는 사업이 더 번창하시길 바랍니다.

고객: 별거 아닌 얘기인데 들어주셔 감사합니다.

4. 그 친구 👍

50대 후반 남녀 친구들로 보이는 네 분이 타는 차에 올랐다. 이들은 초, 중 동기생들로 보인다. 차 안에서 오늘 있었던 일들로 한참 깔깔대고 웃고, 재미있어하면 간다. 얼마 가다가 나에게 요청한다.

여자 고객 1: 사장님, 중간에 한 분 내리니 세워주세요.

김대리: 예!

여자 고객 2가 내렸고, 차는 다시 출발했다.

여자 고객 1: 이 친구(방금 내린 친구)는 정말 괜찮은 친구야. 됨됨이도 있고, 예의도 잘 갖추고, 약속도 꼭 지키더라고. 예전에 무슨 약속을 했는데, 나중에 다른 중요한 약속이 같은 날 비슷한 시간에 생겼는데도 거길 안 가고 나랑 만났어. 매사에 현명해.

남자 고객 1: 아~ 그렇구나.

여자 고객 1: 거기다가 베풀기도 잘해.

남자 고객 2: 다들 호감이 가겠다. 됨됨이가 됐으니~

여자 고객 1: 걔는 누구한테 (남친) 소개시켜줘도 되는 애야. ㅎㅎ

모두 오랜만에 동창생들과 큰 목소리로 즐겁게들 이야기하며 간다.

5. 중간이 튼튼해져야

할아버지 세 사람이 탄 차에 올랐다. 이들은 밥 먹으면서 나눈 정치 이야기를 이어가는 듯했다.

고객 1: 남한 땅이 미국 한 주의 절반도 안 되는데, 뭔 국회의원이 삼 백명씩이나 되냐고? 거기에 지방 의원들까지 합하면 너무 많아! 얘들이 특권 누리고···. 우리 같은 농민이 백 원짜리 일 저질렀으면 몇만 원을 물어내고 감옥 가잖아! 근데 갸들은 죄를 짓고도 구속도 안 돼. 망할 놈의 특권이지!

고객 2: 이놈들은 비싼 차 타고, 보좌관들도 많고··· 하는 일도 없으면서 국회의원들 월급 다 세금으로 주잖아.

고객 3: 아! 월급만 받아? 명절 상여금도 1년에 얼마라던가? 몇백만 원 받는데···. 선거 때만 시장 돌고 떡볶이 오뎅 먹는 거 사진 찍어 가고. 선거기간 한 달만 고생하면 4년 누리고···.

고객 2: 우리 서민들, 장사하는 사람들 오 년, 십 년 해도 장사가 어려워 노심초사하는데···.

고객 1: 국회서 법 만들고 개정하는 게 얼마나 중요해! 기업들, 민생, 외교, 국방. 온 사방에 영향 미치는 건데, 지들 일들은 안 하고, 여야가 이거 해주면 통과시켜주고, 안 해주면 올리지도(상정) 않고 폐기하고…, 기업들은 몇 년 또 기다려야 하고…. 외국 기업들은 휠휠 날아가는데, 저것들 흥정 땜에 다 발목 잡혀 있어!

고객 2: 그레! 우리가 새로운 거 개발해 놓구도 법 때문에 못하는 동안, 그새 외국 기업들은 세계시장 주름잡고…. 이런 일들 있어도 걔들이 사과 한번 해? 난 여지껏 들어본 적이 없어! 맨날 남의 탓만 해!

고객 3: 지들이 기본적으로 할 것은 하고, 정쟁을 하든, 쌈박질을 하든 해야지! 기본도 안 하니, 점점 국가경쟁력 떨어지는데도, 관심도 없어! 다음 선거에서 되기만 하면 되니까….

고객 2: 아유, 고만 정치 얘기해! 하면 뭐해! 혈압만 오르는데!

고객 1: 내 이것만 얘기하고 끝내자. 우리나라는 양쪽만 있고, 중간이 없어! 그러니까 해방 후 좌다 우다 해서 쌈박질만 해 왔잖여. 이제라도 성숙해지려면 중간이 튼튼해져야 해! 그래야 조정도 하고, 타협도 하고, 양쪽 비판도 하고, 잘한 것 칭찬도 해주고 그러지. 그러면 정치가 흥미도 생기고 재미도 있지. 정치도 전체 국민을 위한 교육 아니야? 애들부터 우리 같은 노인들까지 매일 보는 건데, 배울 게 있어야지. 원~ 참!

고객 2, 3: 맞아! 그리 돼야지. 자네 말이 오늘 결론일세.

김대리: 듣고 보니 어르신들께서 웬만한 TV 뉴스 정치 평론가들보다 낫습니다.

고객 1: 그나저나 그동안 쌓아온 경제발전과 민주주의와 한류로 국격이 높아졌는데, 쌈박질로 자꾸 내려가니… 애고, 더 말하면 뭣하냐~

이후 잠잠히 가시다가 목적지에 도착했다.

6. 아내의 아침 인사

50대 후반 아저씨와 같은 직장 여자 직원들이 탄 차에 올랐다.

남자 고객: 나는 아침에 깨면, 아내가 '까꿍~' 해

여지들 모두 깔깔대며 부러워한다.
(나도 웃음이 나왔고, 운전 중이었지만 엄지 척을 했다.)

남자 고객: 나는 한번 술 먹으면 소주 댓 병 먹어요. 그래서 그런지 아침 되면 아내
는 내가 국이 없으면 아침을 안 먹으니, 꼭 국을 하고 밥을 줘. 그리고
내가 회사가 아닌 다른 어딜 가면 꼭 연락하고, 같이 갈 수 있는 곳이면
항상 따라나서…

여자 고객 1: 저도 내일 아침부터 남편에게 '까꿍~' 해야겠어요.

여자 고객들: …….

여자 고객 1: 남편이 웬 뚱딴지같은 소리냐? 할 거 같은데요.

여자 고객들: 싫지는 않을 거야. 자꾸 들으면 달라질 거야.

남자 고객: 난 아내에게 일하러 나가라고 하지 않아. 청소나 설거지로 내보내지 않아. 내 월급으로 살면서, 아내를 위하면서 사는 거야~

부부가 살면서 겪는 진한 느낌이 드는 시간이었다.

7. 한번 해보겠다는!

30대 중반 여자와 50대 이모로 보이는 여자 사장님 차에 올랐다.

고객 1: 정말 일이 힘들어요. 내가 왜 이 일을 하는지…?

고객 2: 힘들어도 어쩌냐? 참고 일 해야지.

고객 1: 어쩌다 이 지경이 되었는지…? 주말이라 손님들 많아서 바쁘게 상들을 치우는 건 힘들지 않아요. 그런데 '내가 왜 이 일을 하고 있지?' 하는 생각이 자꾸 들어요.

고객 2: 그래. 네가 이 일 계속할 것이 아니고. 잠시 거쳐가는 거라 생각해야지. 그 사이 새로운 일도 찾아보고~ 내가 밀어줄게.

고객 1: 하지만 다른 일도 자신이 없어요.

고객 2: 아니야, 그런 자세로 하면 안 돼! 자신감 갖고 해야지. 어쨌든 다른 일도 새로 시작한다면, 마음가짐이 중요해!

고객 1: 예, 고마워요!

8. 진상 손님

40대 중반으로 보이는 부부의 차에 올랐다.

김대리: 안녕하세요? 어디로 모실까요?

남편 고객: ○○○펜션입니다

김대리: 아~ 예. 휴가 오셨나 봐요?

아내: 아~ 아니에요. 조그맣게 운영해요.

김대리: 아~ 그러세요? 사장님이시네요. 손님들은 많이 오세요? 손님들 가고 나면 뒷정리하시려면 힘드실 텐데요?

남편 고객: 방, 욕실 청소 정리 정돈하는 육체적인 건 힘 안 들어요. 그보다 정신적 스트레스가 힘들어요.

김대리: 아~ 그러세요. 어떤 스트레스세요?

아내 고객: 대리기사님은 진상 손님 만났을 때 10분, 20분, 30분만 견디면 되지만,

저희는 밤새 견뎌야 해요. 종종 새벽 4, 5시까지도 바비큐 하며 술 마시고 큰 소리로 떠들면 저희는 엄청 불안합니다.

김대리: 아휴, 맞아요. 너무 참지 마시고 새벽 한두 시 넘으면 점잖게 타이르시고 제재를 하셔야 다른 손님들도 잠을 잘 텐데요.

남자 고객: 네, 맞지요. 다른 손님들도 가족들과 먼 길 와서 숲속에서 조용히 즐기길 원하는데 진상 손님 있으면 휴가 망치죠. 그게 죄송하고 더 힘든 거예요. (한숨을 쉰다.)

김대리: 얼마나 낭패가 크겠어요. 일 년에 몇 번 휴가 내서 오시는 분들인데요.

아내 고객: 그러게요. 이 방, 저 방 손님들 불만 소리에 더 죄송하죠.

김대리: 진상 손님들 쫓아내면 안 되나요? 피해주는데~

남자 고객: 아~ 그게 안 돼요. 숙박법에 1박 2일 머무는 기간이라도 고객이 자기가 빌린 집이라 주인의 권리가 있어요. 그래서 '나가라'고 못해요. 법적으로 보호해주는 것이지요. 전월세자처럼 호텔, 모텔도 마찬가지예요.

김대리: 아…, 그래요? 처음 알았어요. 그럼 제재수단이 없겠네요. 그래서 숙박업 하시는 사장님들께서 스트레스가 엄청 크겠어요.

아내 고객: 네~ 지나가는 사람들은 펜션이 멋있어 보이니 사장들이 한가하고 편하게 살면서 손님 받는 걸로 보는데…, 저희는 늘 새로운 손님들, 특히 진상 손님들 때문에 신경이 곤두서요. 전화로 예약할 때 이분이 진상 손님

인지 아닌지를 어떻게 알겠어요? 그러다가 막상 도착해 그분들 짐 풀고 술 먹는 거 보며 밤새 진상 겪는 거죠. ㅠㅠ

김대리: 애고. 그런 어려움이 있으셨네요.

남편 고객: 그렇다고 모든 손님을 경계할 필요는 없어요. 대부분 예의도 잘 갖추고 남들에게 피해 안 주려는 분들 많지요. 그분들로부터 격려받으며 저희가 잘 모시면 보람을 느끼는 때도 많아요.

어느덧 조용한 숲에 도착하니, 늦은 밤이지만 잘 가꾼 예쁜 펜션이 눈에 들어온다.

9. 가운데 끼여

중년 여자가 탄 차에 올랐다.

고객: 사장님, 저 오늘 술을 좀 많이 먹었어요. 그리고 저 담배를 피우는데 차 타고 가면서 피워도 되죠?

김대리: 예, 물론입니다.

고객: 제가 좀 젊게 보여도 나이가 좀 먹었어요.

김대리: 예, 젊게 보입니다.

고객: 근데 제가 회사에서 위 언니들과 아래 동생들 사이에 끼여 참 힘들어요. 회사는 열 명에게 줄 수 있는 게 다섯 개밖에 없는데, 하나씩 주면 다섯 명은 좋아하고, 못 받은 다섯 명은 싫어하죠. 그때 못 받은 다섯 명은 받은 쟤들이 사장에게 홍삼이라도 받쳤나? 생각하죠. 그리고 자기들은 회사 눈에 벗어났나? 생각하죠. 못 받은 다섯 명 가운데 어떤 사람은 동료들에게 따지기도 하는데, 저는 제가 못 받아도 그냥 둥글게 넘어가요. 그게 제 성격인 것 같아요.

김대리: 현명하신 것 같습니다.

고객: 근데 사람들 사이에 끼여 갈등 있을 때 어떻게 해요? 사장님!

김대리: 제가 뭘 알겠어요?

고객: 제가 그들에게 해 줄 수 있는 게 아무것도 없거든요? 내가 사장도 아니고, 해결할 수 있는 위치도 아니고요. 자기들끼리 풀어야 하는데, 저쪽도 나에게, 이쪽도 나에게 문제를 갖고 오니, 저도 참 어려워요. ㅠㅠㅠ

김대리: 저도 부족합니다만, 너무 잘하려고 하지 마시고요. 사장님 착해 보이시니, 착한 사람이 늘 당하지요. 기회가 되면 올바른 소리, 쓴소리도 하시고요. 그래야 자기를 지킬 수 있다고 봐요. 자기들이 스스로 해결하고 책임지게 하고, 문젯거리들을 가져오면 점잖게든. 아니면 강하게 거부하세요! 안 그러면 늘 사장님만 힘들잖아요.

고객: 예, 그런 것 같네요. 감사합니다.

김대리: 뭘요~ 얘기 나누다 보니 어느새 목적지까지 왔네요. 감사합니다. 늦은 밤 잘 쉬세요.

10. 남편 호칭

초등학생과 5살쯤 보이는 꼬마 아이의 가족 차에 올랐다. 5살 아이는 호기심이 많고 엄마 아빠와 대화를 많이 하는 느낌을 받았다.

꼬마: 엄마는 아빠를 뭐라고 불러?

엄마: 응~ 싸울 때는 너, 니, 이놈, 짜슥이라고 해.

꼬마: 그럼 안 싸울 땐?

엄마: 오빠~

엄마도 아빠도 웃는다.
나도 같이 한참 웃었다.

11. 황금 보리 이삭

60대 남자가 탄 차에 올랐다. 시동을 켜니, 흘러간 샹송과 팝송이 흘러나왔다.

김대리: 오랜만에 음악들 들으니 젊은 시절들이 순간 생각나고 좋네요.

고객: 예~ 저도 가끔, 종종 듣습니다. 그런데 50원짜리 동전에 새겨진 보리 아세요?

갑자기 예상치 않은 질문을 받고 좀 당황했다.

김대리: 예~ 예전엔 많이 사용했는데, 오래전에 자취를 감춘 것 같아요. 그런데 왜 보리 이삭이 새겨졌죠? 종이돈이나 동전이나 대부분 인물인데….

고객: 인생이 부질없다는 것이에요.

김대리: 예? 돈과 보리 이삭이 인생에 부질없다…, 무슨 뜻인지 잘 모르겠네요.

고객: 옛날에 플라톤이 선생인 소크라테스에게 사랑이 뭐냐고 묻자, 소크라테스가 플라톤에게 저 보리밭에 들어가 황금 보리 이삭을 꺾어 오라고 했대요. 그대신 한 번만 꺾을 수 있고, 한번 지나가면 뒤로 되돌아갈 수 없다고 했어요. 플라톤은 그대로 했는데, 결국 빈손으로 왔대요.

김대리: 못 찾았나 봐요?

고객: 소크라테스가 왜 빈손으로 왔냐고 하자, 플라톤은 단 한 번만 꺾을 수 있고, 되돌아갈 수 없으니, 앞으로 나가면 자꾸 더 좋은 황금 이삭이 나올 것 같아 헤매다가 결국에 빈손으로 왔다고 했어요.

김대리: 정말 그렇겠어요. 잡힐 듯 잡힐 듯하지만, 더 좋은 거에 대한 기대감이 있으니, 지금 지나치는 것들에 대해 아쉬워도 못 잡는 거겠죠.

고객: 소크라테스가 그때 '그게 바로 사랑이다'라고 했대요.

김대리: 아~

고객: 플라톤이 그러면 결혼이 무엇이냐고 물었대요. 소크라테스가 이번에는 '숲에 들어가 가장 무성한 나무를 베어 오라'고 했대요. 역시 똑같이 한 번만 벨 수가 있고, 뒤로 돌아갈 수 없다고 했어요. 플라톤이 숲에 들어갔는데, 이번에는 평범한 나무 한 그루를 베어서 왔어요. 소크라테스가 '왜 보통 나무를 베어왔느냐?'고 물으니, 플라톤이 숲 절반 정도까지 갔는데, 계속 빈손이어서, 뭐라도 갖고 가야겠다는 생각에 보통 나무를 잘라 왔다고 대답했대요. 바로 그때 소크라테스는 '그게 결혼이야'라고 했대요~

김대리: 와우~ 사장님은 철학을 많이 아시네요.

고객: 아녜요. 그냥 귀동냥으로 쪼끔. 그러니까 황금 보리 이삭을 찾는 것도 많이 스쳐 지나간 다음에야 알게 되고 놓친 것에 대한 아쉬움…, 막상 결혼은 그냥 평범한 선택 속에서 후회가…. 하하하!

김대리: 대리하면서 차 속에서 인생 철학을 배워 좋았습니다.

고객: 뭐~ 인생이 그렇다는 얘기죠.

12. 대리비 몇 푼 아끼려다

50대 후반 남자 둘이 탄 차에 올랐다. 이들은 사업 얘기를 마무리하더니 화제를 돌렸다.

고객 1: 난 아무리 가까운 거리라도 한잔했으면 꼭 대리를 불러서 가.

고객 2: 응.

고객 1: 왜냐하면 몇 년 전 음주하다 걸렸거든, 기준을 넘은 거야. 그래서 법정에 출두하라는 통보를 받고 갔어. 법정에 들어가니 열댓 명 음주운전자들이 앉아 있는데, 모두 기준을 넘은 위반이야!

고객 2: 어휴, 많네!

고객 1: 근데, 판사가 음주운전자들 모두에게 1,300만 원씩 때리더라! 나도 1,300만 원 벌금 받았지. 봐주는 게 하나도 없어! 그 순간 대리운전 불렀으면 몇만 원에 끝날 일을…, 앞이 캄캄하더라고.

고객 2: 어휴~ 엄청 쎄다! 그 돈이면 해외여행 두세 번은 갔다 왔겠는데, 아니면 돈

보태 차 한 대 뽑을 수도 있었고….

고객 2: 글쎄 누가 아니래. 어쩌냐! 그 담부턴 소주 한 잔만 마셔도 꼭 대리 불러 간다.

고객 2: 그래야겠네.

  간혹 대리를 불러놓고, 갑자기 대리비가 아까워 음주운전으로 떠난 사람들을 본다. 대리비 몇만 원 푼돈 아끼려는 위험천만한 일이다.
  음주운전으로 외제 차가 오토바이와 부딪쳐 크게 파손되고 오토바이 운전자는 길바닥에 널브러진 사고를 보았다. 음주운전으로 가까운 집으로 가다가 길 가던 사람 여러 명을 치는 사고도 보았다. 한마디로 '신세 조졌다'는 표현이 딱이다.

  음주운전 중 사고가 나면, 보험적용이 안 되어 자기 부담으로 집 한 채 값(?)의 보상을 해야 한다. 형사처벌, 면허취소, 자기부담으로 의료비, 보상금, 차 수리비를 감당해야 한다. 그러니 가정 경제가 하루아침에 위기를 맞고, 직장에서 징계, 해고, 연금 불이익까지 갈 수 있다.

  그래서 본인과 가정을 위해 꼭 대리기사를 불러야 한다. 그래서 대리기사는 술 드신 분들을 집까지 안전하게 모셔드린다는 자부심과 책임감이 있다.

13. 예수님도 이것?

봄 날씨가 제법 따뜻해진 밤에 한 남자의 차에 올랐다.

고객: 술을 마시나요?

김대리: 예, 가끔 친구들 만나면 마십니다.

고객: 왜 마시나요?

김대리: 만나 술 마시며 즐겁게 얘기하지요.

고객: 그렇죠? 만나서 얘기하고 즐겁게 보내기 위해서 술을 마시지요. 그런데 술 마
시면 꼭 화내고 힘들게 하는 사람이 있어 즐겁지가 않습니다. 방금 전 만난 친
구가….

김대리: 그렇겠네요. 술 먹으면서도 갖춰야 하는…, 예의는 지키면서 갈등도 풀고,
즐겁게 마셔야겠지요.

고객: 제가 아는 것이 정설인지, 아닌지는 모르겠습니다만, 술의 기원이 어떻게 되는

지 아세요?

김대리: 모릅니다.

고객: 옛날 고대인들이 신에게 제사를 지내기 위해 좋은 음식들을 모아두었는데, 그게 부패를 했대요. 그런데 먹어보니 맛이 좋았더라는 거예요. 발효가 된 것 이지요. 그래서 신을 위해서 좋은 것을 만들어 바치게 된 것이 술이었다는 겁니다. 제사가 끝나면 술을 나누어 마셨던가 봅니다. 그만큼 술은 신을 위한 것이었고, 사람들은 (거룩한) 술을 마시게 된 것입니다.

김대리: 아~ 처음 알았네요.

고객: 담배 피우세요?

김대리: 안 피웁니다.

고객: 담배가 예수님 당시에도 있었다면 예수님도 담배를 피웠을 겁니다.

김대리: 왜요?

고객: 하느님의 아들인데 사람들한테 멸시와 조롱을 받으니 담배를 안 피울 수가 있겠어요. 예수님도 간 빼놓고 사셨을 것 같아요.

김대리: 맞아요~ 그렇네요. 자존심 다 내려놓고 속으로 '어휴~ 저것들~' 했을 거 예요. 담배 한 모금으로 한 번 참고, 두 번 참고….

고객: 또 예수님이 무거운 나무 십자가를 등에 지고 갈 때도, 고통스러워 제자들

에게 '담배 한 대 달라' 하고 담배 한 대 길게 피고. 십자가에서 돌아가셨을 거예요.

김대리: 맞아요. 그랬겠네요.

낮에 활짝 핀 봄 가로수길 벚꽃들이 밤엔 가로등 사이로 눈이 온 듯 하얗게 봄을 부른다.

14. 가재는 게 편

부모님 집에서 나온 젊은 부부 차에 올랐다. 가족 얘기들을 나누고 있다.

아내 고객: (큰 소리로) 당신 누나가 나에게 가깝게 안 하는 거 알지? 못 느꼈어?

남편 고객: (가는 목소리로) 그래도 누나가 이렇게 저렇게는 하고 있잖아.

아내 고객: (큰 소리로) 당신은 나랑 사는 사람이야? 당신은 내 편이 되어야 해. 잘 새겨들어.

남편 고객: … 응.

(나는 젊은 아내의 말이 맞다고 생각했다. 그렇지 않으면 아내가 힘들어진다.)

15. 운전 경력에 남은 것

한 40대 중반 남자가 잠시 대리로 나와 일했다. 그는 목에 깁스를 하고 있었다.

김대리: 교통사고로 목을 다쳤나 봐요?

고객: 예, 다친 건 아니고요. 오래 운전하다 보니, 목이…. 마을버스 1년, 시내버스 3년, 공항리무진 1년을 하다 보니, 목 척추가 내려앉아 수술했어요.

김대리: 애고…. 그럼 업무로 인해 병이 발생한 것이니 산재 처리했겠네요.

고객: 아뇨. 회사와 갈등하기 싫어서요.

김대리: 회사가 손해나는 것은 아닐 텐데. 산재 보험회사에서 처리해 주는 것이니.

고객: 그래도 아니에요. 나의 경우가 하나의 사례가 되기 때문에, 다른 사람들이 이 같은 병이 생기면, 회사도 곤란해지기 때문에….

고객: 허리 디스크도 안 좋아 어쩌면 수술해야 한대요. ㅠㅠ

김대리: 저런~ 목 디스크에, 허리 디스크까지…..! 버스 운전 5년을 하니, 운전 중에 생긴 병이 크네요.

고객: 차가 흔들리니 목에 무리가 가고, 오래 앉아 일하니 허리도 안 좋아진 것 같아요.

김대리: 평소에 운동도 자주 해 근육도 키우고 자세도 바로잡아야겠어요.

고객: 예, 그래야지요.

김대리: 빨리 회복하세요!

16. 인생의 동반자, 칼

밤늦은 시간 일식집 앞에서 50대 중반 남자 고객의 차에 올랐다.

고객: 저는 젊었을 때 단돈 20만 원 갖고 서울 가서 음식 배우고 식당 했습니다. 그 때부터 죽을 힘을 다해 음식 만들고 있죠. 지금도 죽을 힘을 다해 음식을 만들어 손님들께 내놓습니다.

김대리: 아~ 네! 그리해 오셨으니 사장님 일식집엔 항상 손님들이 꽉 차 있습니다.

고객: 사실 그동안 저한테 배우러 온 사람들이 있었는데 적당히 배우곤 갑니다. 그리고 나중에 들리는 얘기 들어보면 죽을 힘을 다해 일을 하지 않아요.

김대리: 처음 결심을 끝까지 지켜나간다는 게 어렵죠.

고객: 제가 자랑하는 건 아닌데요. 25센치 칼이 10센치가 되도록 닳고 닳도록 죽을 힘을 다해 음식 해 왔습니다.

김대리: 와~ 얼마나 오랜 세월 고생하시며…, 어쨌든 그 칼은 가보(?)네요.

고객: 아~ 그런데요. 어느 일 배우러 온 사람이 그 칼 달라고 해서 그땐 아무 생각 없이 줬어요. 지금 생각하면 무척이나 아까워요, 아까워. 20여 년 쓴 칼인데…, 그걸로 애들 키우고 교육시키고, 집 장만하고…, 동고동락해온 칼인데.

김대리: 그러셨겠어요. 그걸로 집안을 일으켜 세우신 거잖아요.

고객: 어쨌든 지금도 죽을 힘 다해 하고 있으니, 나중에 그렇게 되겠지요.

김대리: 예~ 사장님은 '지극정성'이란 단어가 얼굴에 나타나요. 긍지와 자부심의 얼굴이세요.

고객: 별말씀을요. 감사합니다.

김대리: 늘 건강하시며, 번창하십시오. 감사합니다.

60대 후반으로 보이는 남자의 차에 올랐다. 인사말을 주고받으며 하는 일에 대해서도 물었다.

남자 고객: 요즘도 경기는 어렵지요. 제가 인생 좀 살아보니, 제가 돈 벌려고 아등바등하며 살아왔는데, 돌아보면 남들이 돈을 벌어주더라고요.

김대리: 예? 무슨 말인가요?

남자 고객: 내가 돈 벌려고 이리 뛰고 저리 뛰고 해서 버는 것 같지만, 사실 보면, 주변 사람들이 도와주거나 하지 않으면 안 돼요. 결국은 남들이 나를 돈 벌어 주는 거지요. 그런데 내가 그만큼 주변에 관계한 사람들에게 얼마나 잘했나, 인정 있게 베풀었나, 뭐 이런 것들이 차곡차곡 쌓여 다시 좋은 부메랑이 되어 돌아오는 거지요.

김대리: 말씀 들으니, 정말 그렇네요.

남자 고객: 물론 제가 게으르지 않고, 열심히 노력하는 모습들이 계속돼야 하고요.

오랫동안 신뢰를 쌓으니, 이 사람 저 사람들이, 때로는 전혀 모르는 분들도 소문 듣거나, 소개받아 연결되고 밀어주려고들 하지요.

김대리: 맞습니다.

남자 고객: 대부분 사람들은 단기간에 빼먹을 생각에만 골똘하지요. 그게 아니라 중장기를 생각하며 신뢰감을 만들고, 그러다 보면 뭐 하나라도 보탬 되게 해주려고들 하는 것 같아요.

김대리: 오늘 사장님으로부터 한 수 배운 것 같습니다. 내내 건강하시며 하시는 일도 잘되시길 바랍니다. 감사합니다.

夏 한여름 밤, 모기·동상과 씨름하며

1. 무에타이 청년

한여름의 뜨거운 해가 긴 저녁에 20대 운동복을 입은 청년의 차에 올랐다.

김대리: 운동하셨나 봐요. 더울 땐 운동으로 땀 빼고 샤워하면 최고죠.

고객: 예, 지금 권투와 격투기(무에타이) 연습하고 나왔어요.

김대리: 아~ 그럼 스파링 파트너와 대결도 하겠네요? 헤드기어도 끼고요.

고객: 네. (치아 보호를 위한 마우스피스 케이스를 꺼내 보여준다.) 이것은 항상 갖고 다녀요. 길거리에서 누군가와 시비 붙으면 입에 끼고 싸울 준비를 하죠. 잘못해서 이 맞아 부러지면 나만 크게 손해 보기 때문이에요. 제가 고등학교 때 애들 패서 감옥에 간 적 있어요. 그 후 고등학교 졸업하고, 군대 갔

다 왔지요.

김대리: 아~ 그래요? 인생도 겪을 일들 미리 경험도 하셨네요. 지금은 무슨 일 하세요?

고객: 내 친구들은 대학원 다닌다 하면서, 무슨 첨단, 첨단 분야들 하는데, 저는 호텔 같은 곳에서 웨이터하고~ 여가로 권투, 격투기밖에 안 해요. 무엇을 해야 할지 걱정이 많아요.

김대리: 인생에서 제일 하고 싶은 일은 뭐예요?

고객: 저는 처자식을 잘 먹여 살리고 싶은 일이예요. 그걸 위해서면 뭐든 일할 거예요!

김대리: 그래요, 그게 보람이죠. 저도 운동하는 사람을 좋아해요. 산책을 하든, 헬스든, 등산이든, 축구를 하든, 권투를 하든…, 운동을 하면 인내심이 생기잖아요. 성취감도 크고 또 도전하고.

고객: 맞아요. 사람과 동물이 수만 년 동안 살아왔는데, 동물은 살기 위해서 싸워 죽이고, 인간도 싸워 죽이는 게 본능은 같은데, 인간은 운동을 하기 때문에 다르지요.

김대리: 오~ 맞아요. (핸들에 손을 얹어 박수)

고객: 근데, 저는 싸움하는 사람 만나면 언제든지 자신 있게 싸워요. 져본 적도 없어요.

김대리: 젊고 운동을 즐길 줄 아니 자신감과 패기가 가득해 좋아 보여요. 뭐든 해
　　　　나갈 거예요.

　거의 목적지에 도착하자, 그가 갑자기 물었다.

고객: 아저씨, 병 있어요?

김대리: (담배 피우고 싶어서 그런 거로 알고) 박카스 병이요? 없는데요. 담배 피우
　　　　셔도 돼요.

고객: 아니에요, 무병장수하세요!

김대리: 아이고, 고마워요. 우리 청년도 힘내시길 바랄게요.

　목적지에 도착하자마자 청년이 뛰쳐나간다. 나는 시동 끄고 잘 마무
리하고 길거리로 나왔다. 청년이 보이지 않았는데, 편의점에서 나온다.
손에는 아이스케키가 들려 있었다.

고객: 아저씨 이것 드세요!

김대리: 아이고 고마워요. 청년이 먹어요. 난 괜찮은데….

고객: 아니에요. 아저씨께 고마워서 드리는 거니 드세요. ㅎㅎ

김대리: 그래요. 청년도 앞으로 여러 갈래 길들이 많이 있으니, 도전하고 꼭 잘 되길
바랄게요. 파이팅!

나는 청년을 끌어안아 주었고, 등을 토닥거려주었다. 청년은 감격했
는지, 눈물이 그렁그렁~ 청년은 90도가 아니라 110도로 인사하길래,
나도 90도로 인사하고 아쉬운 이별을 했다.

장마가 끝나고 한여름이 시작되면, 모기가 극성을 부리는데, 손님 모
시고 운전하다가도 손등, 발등, 발목, 팔뚝에 종종 물린다. 그러면 운전
하면서 잡는 것도 쉽지 않고 안전운행에도 신경이 많이 쓰인다. 그래서
좀 두터운 긴 소매 셔츠에 겨울철 긴 양말 신고 바지 아래를 덮어 모기
가 못 들어가게 막아야 한다. 날씨가 덥지만 할 수 없다.

그리고 어느 차를 타든 에어컨을 세게 트는데, 십 분, 이십 분 타고
가다 보면 운전하는 양손이 얼어붙는 느낌이 든다. 이것이 반복되다 보
니, 초기 동상에 걸렸다. 양손이 가렵다. 이때는 손을 많이 주물러 주
어 혈액순환이 되게 해주는 것이 중요하다. 그리고 장갑 끼고 운전을
하고, 운전석 앞에 에어컨 바람을 막거나 아래로 내리고 운전하면 훨
씬 낫다. 여름철에 동상 꼭 주의해야 할 점이다.

2. 일터도 마음(心)

직장 남자 상사와 여직원이 탄 차에 올랐다. 저녁 식사하면서도 했던 직장 일들을 계속 이어가는 듯하다.

여자 고객: 저는 해보는 만큼 하겠지만, 윗사람 눈치 보며 하기보다는 그냥 저의 일을 하는거죠. 일하면서 힘들 때도 있고요.

남자 고객: 맞아요. 나도 최고 윗분들 앞에서 잘 보이려고 하기보다는, 내 일을 묵묵히 잘 수행하다가 보면 제대로 평가를 받을 거라고 봐요. 내 책임을 잘 감당하는 게 중요하다고 봐요. 아랫사람들하고도 잘 소통하고요.

여자 고객: 그렇게만 해주신다면, 저도 열심히 하겠습니다. 오늘 저녁 하며 솔직하게 이야기 나누어 참 좋은 것 같아요.

남자 고객: 매일매일 크든 작든 일하면서 마음 관계가 젤 중요하지 않겠어요? 한번 마음이 틀어지거나 상처받으면 안 보고 싶고, 적극적으로 왜 하겠어요?

여자 고객: 그렇죠. 그렇게 되면 피하게 되고 일하고 싶지 않게 되죠. 대충 크게 벗

어나지 않을 정도로만 일하면, 결국 능률도 떨어지고…, 충성도가 확 떨어지죠.

남자 고객: 물론, 연봉에 맞게 일하는 것도 있지만…, 일터에서 서로들 마음이 편하면 작업 능률도 오르는 건 당연지사죠. 부하 직원에게 일과 기술도 가르치며 전수시켜야 하는데, 서로 단절되면 제대로 일이 되겠어요? 일 분담도 안 되고….

여자 고객: 시키는 일만 하게 되죠. 마음이 내켜야 나서서 일하죠. 안 그렇습니까?

남자 고객: 으쌰 으쌰, 해보자는 마음과 의욕이 젤로 중요하죠.

    도중에 남자 상사를 먼저 내려주고, 얼마 후 여자분 집 앞에 도착했다. 여자분이 내리면서, 나에게 말하는 목소리가 상냥해지고 톤도 한층 높아져 있었다. 식사와 술 한잔하며 직장 상사에게 어렵게 담아두었던 말을 꺼내고 소통한 덕분이었을까?

3. 애들 교육, 이것(?) 있게

밤늦은 시간 50대 중반 여자가 탄 차에 올랐다.

고객: 기사님, 저 오늘 음식점에서 알바하고 술 한잔하고 집 가는 거예요.

김대리: 아~ 늦게까지 고생하셨네요.

고객: 제가 술에 취해 죄송한데, 내일이 아버지 기일이에요.

김대리: 아~ 그러시군요.

고객: 근데, 저의 아버지는 8남매를 키웠어요. 자랄 땐 아빠가 싫었어요. 무뚝뚝하고 엄해서요. 한데 제가 나이가 드니 아버지를 이해하게 돼요. 농사를 지으며 8남매를 키우셨다는 게….

김대리: 요즘 한두 자녀 키우기도 버거운데, 얼마나 힘드셨겠어요. 어머님께서도 더욱 힘드셨겠어요.

고객: 우리 엄마는 애들 키우느라 나중에 몸이 아프셨지만, 항상 아버지 반찬과 밥

을 손수 해주셨어요. 그래서 우리 집은 대가족으로 커서 그런지 형제 우애도 좋아요.

김대리: 그렇겠어요.

고객: 저도 제 아이들에게 '공부보다 중요한 게 인성이다! 돈보다 중요한 게 인성이다!'라고 해요. 세상 살아가면서 싸가지 있게 살아가야 하잖아요!

김대리: 사장님께서 부모님과 형제들로부터 보고 배운 것을 애들에게 잘 가르치시네요. 이렇게 밤늦게까지 생활비 보태시려 일하시고…, 훌륭하세요. 늘 건강하시길 바랍니다.

고객: 술 취한 제 이야기를 들어주셔서 감사해요. 안녕히 가세요!

4. 할아버지들의 재치와 해학

80대 할아버지 세 분이 탄 차에 올랐다.

고객 1: 세 달 후면 운전면허증 갱신해야 하는데, 치매 검사를 한 대. 껄껄껄!

고객 2: 치매 검사할 때 기억 안 나면 몰라도, 자넨 끄떡없네. 나도 90까지는 운전 해야 할 텐데…, 그때 반납하고 요양원 들어가려고.

고객 1: 난 맨날 하나님께, 자다가 한방에 데려가라고 기도해!

고객 2: 난 죽을 때 안락사로 죽고 싶어. 그래서 약을 주머니에 늘 갖고 다니고 싶어.

고객 3: 치매가 되면 어느 주머니에 두었는지도 잊어버려 못 죽어. ㅋㅋㅋ

고객 1: 노인들이 집에선 자식들 앞에서 맨날 '죽겠다'고 말하는데, 막상 병원 가봐. 입원한 노인 치고 '죽겠다'는 사람 못 봤어. ㅋㅋㅋ

5. 자식 편애

　습도가 높아 후덥지근한 날씨에 좀처럼 열대야가 내려가지 않는 밤늦은 시간, 30대 중반 남자와 40대 중반 세 남자가 탄 차에 올랐다. 술 먹어서인지 화기애애한 대화를 이어가다가 가족 얘기가 나왔다.

고객 1: 저는 차남인데, 아버지가 저를 형인 장남만큼 생각하지는 않는 것 같아요.

고객 2: 맞아. 부모들은 장남이 제일이야.

고객 1: 차남인데… (다시 뭔가 얘기는 더 하고 싶은데, 말이 잘 떨어지지 않는 것 같다.) 그래도 (뭔가 섭섭함이 있는 듯) 아버지를 사랑해요.

고객 3: 내 집도 어머님의 장남 편애가 끔찍했어. 맏형이 조상 대대로 잘 내려오던 땅들을 친척들 몰래 다 팔아먹었는데도, 어머님은 장남이라고 끝까지 두둔했어. 그 일로 잘 지내던 친척들도 크게 실망해 돌아서고, 형제들도 깨지고, 콩가루 집안이….

고객 1: 애고~ 그랬어요? 저는 아버지가 하는 이 일을 그만두고 싶어요. 힘들어요.

고객 2: 내가 뭐라 얘기할 형편은 안 되지만…, 아버님이 형에게 사업을 맡기려 했는데, 안 하니까 동생인 니가 하게 되었고, 하는 일이 힘들기도 하지만 너와 잘 맞지 않으니…. 그리고 인생 시간은 흘러가는데, 아버지로부터, 일로부터 빠져나오기가 쉽질 않고…, 그런 거 아닌가?

고객 1: 예, 아버진 나를 생각해서 맡겼다지만, 내 적성, 직업, 미래는 고려하지 않고, 그렇다고 아버지가 마음 깊이 날 사랑하고 생각하냐? 그것도 아니고, 여전히 형에게 의존하고, 마음은 형에게 가 있고. 그럼 난 뭐지? 내 인생은 뭐지? 저도 이 일 그만두고, 다른 일 해서 우리 두 딸 잘 키워보고 싶거든요.

고객 2: 아버지의 기대감으로 네 인생을 맡기질 말고, 니가 가고 싶은 인생을 가야지. 너와 아내와 애들이 행복하게 사는 게….

고객 1: 네~ 다시금 생각해 봐야겠어요.

6. 번개 맞고 싶다

　다가오는 장마철을 앞두고, 60대 초반 남자 다섯 분이 탄 승합차에 올랐다. 이들은 차가 출발하자 목적지를 말한 후 바로 나에게 물었다.

고객 1: 사장님, 이 근처에 복권 파는 집 있나요?

김대리: 아~ 제가 복권을 사본 적이 거의 없어 잘 모르겠네요. 한 곳은 지나가다 보 았는데, 목적지와는 반대방향에 있네요.

고객 2: 예~ 됐습니다. 그냥 가세요. 오늘이 토요일이고, 두 시간 후면 복권하기 때 문이에요.

김대리: 아~ 예. 혹시라도 지나가다가 나오면 잠시 세우겠습니다.

　그런데 멀리 가지 않아, 차는 달리고 있는데, 갑자기 큰 소리로 말했다.

고객 1: 사장님, 맞은편에 복권집 있네요.

김대리: 와~ 잘 보시네요. (반대편에 상점들이 배곡한데, 그 사이에 작은 복권 가게가 보인다.)

U턴을 해서 잠시 세우니, 남자 1이 일행들 것을 모두 사서 차로 들어온다.

고객 1: 사장님도 한 장 받으세요.

김대리: 예? 저두요! (전혀 기대를 하지 않았기에 놀랐다.)

고객 1: 받으시고, 당첨되면 저희들 몫도 나누어 주세요.

김대리: 아~ 예. 당연히…. (얼른 손에 받으니, 나도 기분이 업된다.)

고객 3: 당첨된 사람들 얘기 들어보면. 복권 사기 전 몸에 전기에 감전된 듯 전율이 온대. 느낌이 있다는 거지.

고객 4: 만약 오늘 기사님이 복권 집 안들리고. 그냥 목적지로 갔으면 우리 20억 놓칠 뻔했어요. ㅋㅋㅋ

김대리: 앗~ 그러게요. 우리 대리기사들이나 손님들도 매주 사는 분들 많더라고요. 한 분은 몇 달 전 2등에 당첨되고, 2주일 동안 밥을 잘 못 먹었더라고요.

고객 1: 왜요? 당첨됐는데…?

김대리: 1등이 안 돼서요. 1등 됐으면 고생 당장 접고, 인생 활짝 피는데 번호 하나 차이로…. 얼마나 씁쓸했겠어요? 20여 년간 매주 복권 샀다는데 얼마나 공들였겠어요?

고객 2: 정말 아쉽겠네요.

고객 4: 1등은 욕심 갖지 않는 사람이 된다고 하는데~ 마음 비우기가 어디 쉽나?

고객 3: 1등 당첨되면 세상에 아무한테도 알릴 사람이 없대. 얼마나 기쁘겠어? 그런데도….

김대리: 왜요? 아내 있잖아요.

고객 3: 아내도 이번 기회에 갈려고. (모두들 깔깔대고 웃는다.)

웃다 보니 어느덧 목적지에 거의 도착했다.

김대리: 오늘 별이 빛나는 밤이지만, 마른하늘에 벼락 꼭 맞으세요. 저도 한 장 들고 있으니 기분이 좋네요.

고객: 사장님도 오늘 당첨되시면….

김대리: 제가 되면, 대리 바로 끝내고 세계여행 가야죠. 즐거웠습니다. 사실, 오늘

대리비는 안 받아야 하는데요. 사장님들께도 바로 연락드려 몫을 드리겠습니다. (그리고는 대리회사 명함을 드렸다.)

목적지에 내려 한분이 대리비를 계산하며 만 원을 더 준다. 거스름돈을 드리려고 했는데, 안 받겠다고….

김대리: 오늘 밤 모두 즐거운 밤 되세요!

고객 2: 사장님도요~

김대리: 예~ 감사합니다.

잠시 생각해 보니, 누구나 주말을 기다리는데, 축구, 야구 좋아하는 사람들은 주말에 운동장에 가고, 신앙인들은 교회나 사찰에 가며 기다리는데, 복권 사는 수십만, 백만(?) 사람들은 토요일 밤을 흥분하며 기다린다. 월요일에 산 사람은 한 주간 내내 기분 좋게 지내고, 복권 시간 직전까지라도 산 사람은 못 샀으면 큰일 났을 것 같은 마음으로 잠시 기분이 업된다. 자본주의 사회에서 누구나 천 원, 오천 원, 만 원의 행복을 누리는…, 인간의 감정을 지배하는 또 다른 세계가 있음을 느끼게 하는 시간이었다.

＊ 나도 한껏 기대했지만, 몇 시간 뒤 물론 '꽝~'

7. 일터와 가정

40대 중반, 30대 초반으로 같은 직장에 근무하는 거로 보이는 두 남자가 탄 차에 올랐다. 젊은 직원이 출산을 앞두고 있는지 고민을 나눈다.

고객 1: 예를 들어 저녁 일로 야근하거나 회식이 생겼어. 그런데 자네가 7시엔 들어가야 한다고 말하면 물론 그 자리에선 들어가라고 하지. 하지만 뒷감당을 어떻게 할래?

고객 2: 예?

고객 1: 나도 그 부분에서 집사람과 늘 갈등을 겪어 왔어. 아내는 다른 사람이 하면 되지, 왜? 당신이 나서서 그 일을 하느냐고 말하고, 난 나의 상사가 있고 아래 직원들 사이에서 내가 해야 할 몫이 있거든. 그걸 아내는 이해를 못 해.

고객 2: 네, 저도 그렇습니다.

고객 1: 남편은 직장서 일을 잘 감당해 가정을 안정적으로 끌어가야 하는데, 선택해야 해. 직장이냐? 아내냐?

고객 2: 아내를 설득해야죠.

고객 1: 자네가 곧 아이가 생기니 좋은 일인데 직장 일과 가정 사이에서 고민이 커질 수밖에 없을 거야. 나도 겪은 일이니 배려는 하겠지만, 자네도 아내에게 잘 설명해주고, 일과 가정, 육아 사이에서 잘 감당해 나가야 할 거 같아.

고객 2: (개미 목소리로) 그래야죠.

8. 술의 두 모습

대리를 하다 보니, 차로 모시는 모든 손님은 술을 마셨다. 술은 크게 두 가지 기능을 한다. 일주일에 한두 번의 식사와 술은 가족, 직장 동료, 친구, 연인 등이 술을 매개로 막혔던 소통이 뚫리고, 웃음과 즐거움의 분위기로 원만한 관계를 만들어 주는 긍정적인 일조를 한다. 내가 만난 손님들 대부분이 이러한 경우들이다.

이와는 다르게 술은 중독 증세를 일으켜, 매일 혹은 하루, 이틀 걸러 소주 한 병은 청량음료 마시듯 한다. 한 명이 두세 병은 기본이고, 두세 명이 열 병은 거뜬히 먹는다. 술 중독엔 20, 30대 젊은 남녀부터 70, 80대까지 이미 중독으로 진행된 분들을 많이 보았다.

50대 초반 한 남자는 술 중독이 상당히 진행됐는데, 뷔페식당에 음식들이 가득 있어도, 물 한 모금, 글라스 컵에 술을 번갈아 가며 먹는 것을 보았다. 오죽하면 '침을 안주로 한다'는 말까지 있다. 밤에 깡술로 소주 댓병을 마시고, 아침에 해장술로 소주 한 병 더 먹고, 낮에 식사도 거른 채 내내 잔다. 며칠간 눈이 흐려져 있고, 말을 잘 못 한다. 사나흘 걸러 반복하니 건강, 가정 생활도, 직장 생활도 어림없다. 점점 폐인이 되어가는 모습이 안타깝다.

어느 고객과 술에 대해 나눈 대화다.

고객: 저도 친구들 만나면 소주 댓 병은 먹어요. 하지만 그 뒤 서너 달, 혹은 반년은 술을 입에도 안 댑니다.

김대리: 그러셔야지요! 저도 집 냉장고에 작은 크기 캔 맥주 하나가 있어도 반년이 지나도록 안 없어져요. 밖에서 술을 먹게되면 소주 한두 잔, 또는 맥주 한두 컵이 전부에요. 그것만 먹어도 핑 돌고 기분이 좋아져요.

고객: 사실 중독자들은 돈 생기면 술값, 대리비로 다 써요. 술 먹는 사람들은 하루만 지나면 또 술 생각이 그렇게 난대요!

김대리: 아유, 본인보다도 아내나 남편, 아이들은 어떻겠어요? 술 취한 아버지, 술 취한 엄마가 집에서 한 말 몇 번씩 또 하고, 목소리 크고 (손찌검이나 안 할지 두렵겠지요.) 친구들도 멀리하게 되고.

마침 길에서 어떤 허름한 옷을 입은 70대 남자가 아주 비틀거리며 지그재그로 걸어온다. 가까이 와서 벤치에 잠시 앉아 쉬는가 싶더니, 일어나 몇 발자국을 걷다가 발이 엉켰는지 쿵 하고 그대로 쓰러진다. 잠시 누워있다가 어렵게 일어나 비틀비틀하며 간다. 집까지 제대로나 갈 수 있을지?

술은 아주 가끔 조금씩 하면 소통하는 데 도움을 주는 약이지만, 매일 과하게 먹으면 독이 분명하다!

9. 아주 쉬운 이 말 한마디

40대 후반 남자가 탄 1톤 작업 트럭에 올랐다. 차 내부와 짐 싣는 곳엔 많은 공구들이 쌓여있다.

김대리: 무더위에 일하시느라 고생 많으시죠?

고객: 예~ 저는 에어컨 설치하는 일 하고 있습니다.

김대리: 요즘 무더위에 눈코 뜰 새 없으시겠어요.

고객: 예~ 전화가 계속 옵니다. 설치, 교체 작업들 하느라 바쁘죠. 오늘도 고층 아파트에서 교체 작업했는데, 다른 회사 사람이 하려다가 포기하고 간 것을 작업하게 됐습니다.

김대리: 아~ 네. 아파트 베란다 밖에 튀어나와 있는 에어컨들 많은데 그걸 교체하려면 위험하지 않습니까? 고층이라 무섭기도 하고요. 안전 밧줄은 잘 걸고 하시지요?

고객: 예~ 처음엔 무서웠지요. 위험도 하고요. 하지만 이젠 익숙해져서 괜찮아요.

그래도 작업 다 마치고 고객들께 '수고했다'는 말 한마디 들으면, 그리 좋을 수가 없어요.

김대리: 네, 그렇겠네요. 하지만 때론 어떤 고객들은 의례적인 인사로 할 수도 있잖아요. 위험하고 고생하는 건 당연하다고 생각하고.

고객: 아~ 네! 의례적인 인사라 하더라도 저는 기분이 너무 좋아요.

김대리: 저도 저희 집에 뭐 고치러 오는 분께 차나, 커피를 대접해요. 수고하시는데.

고객: 우리도 사람이라, 그러면 더 잘 해주려고 하죠. 일할 때, 따지고 까탈스럽게 하면 저희도 힘들고 잘하고 싶은 마음이 줄어들죠. 하지만 최선을 다해서 작업은 잘 끝냅니다. 그렇게 해도 나중에 또 전화까지 해서, 뭐라고 하면, 더 난감하고 스트레스받지만 어떡합니까? 고객에게 잘 응대해야 하니…

김대리: 위험한 일 하시면서, 작업도 만만찮은데, 무더운 날씨에, 정신적 스트레스까지 받으면, 참 힘드시겠어요. 여름에 건강하시고, 늘 안전 작업하십시오! 감사합니다.

고객: 예~ 들어주셔서 감사합니다.

김대리: 고객님은 얘기 중에 잠시 보면, 생긋생긋 밝게 웃으며 얘기해서, 저도 기분이 좋았습니다. 감사합니다.

고객: 뭘요~

10. 아내의 충고

　무더운 여름이 계속되는 밤, 40대 후반으로 보이는 부부 차에 올랐다. 이들은 차에 타기 전, 여러 친구들과 인사를 나누었다. 한동안 부부는 말없이 가다가, 아내가 먼저 말을 꺼냈다.

아내: 당신 OO랑 말 섞지 마! 걔 얼마나 이기적이야. 자기 무슨 일들 생기면 부르고, 다른 사람들에게 일 생기면 모른 척하고. 자기만 알고 자기 것만 챙겨. 친구들도 이용해먹으려 하고.

남편: …….

아내: 당신 걔랑 말 섞으면 당신도 개가 돼! 싸가지가 없잖아.

남편: … 응.

아내: 당신 입이 가벼워.

남편: …….

아내: 침묵이 이기는 거야. 알았지! 명심해!

남편: 응.

11. 농촌, 답이 없다!

50대 초반 남자 손님의 차에 올랐다.

김대리: 추석 연휴는 잘 보내셨어요?

고객: 예~ 아버님이 시골에 계셔서 인사드리고 왔어요. 농사를 지으시는데, 연로
하시고…, 무엇보다 벼농사해서는 이익이 안 나 적자에요. 정부 수매가도 내
리고, 더 큰 일은 쌀이 넘쳐나는데도. 정부는 해외에서 쌀을 수입하니 어쩌란
말인지…?

김대리: 그러게요. 어제오늘 일도 아니고, 수십 년 된 일들인데, 중장기적인 대책들
은 없는지…? 땜질식으로 넘어가고 하니, 농사짓는 분들만 피해를 보지요.

고객: 머지않아 이분들 다 돌아가시면, 농사는 누가 지을까요? 젊은이들도 외면하
는데. 농사지으면 논에 물을 가두어 홍수가 나도, 물을 가두는 효과가 있어
댐 수백 개 역할도 하는데….

김대리: 그럼요~ 저도 그렇게 알고 있어요.

고객: 앞으로 채소 과일값 안 내려요. 두고 보세요!

김대리: 왜요?

고객: 그전엔 노인들이 자기 힘으로 밭농사하며 근근이 버텨왔는데, 지금은 외국인
들 너덧 명 써서 밭농사를 해야 하니까, 월급 줘야죠. 숙식 제공해야죠. 그 인
건비를 감당하려면 값이 올라갈 수밖에 없는 거예요.

김대리: 그렇네요. 인건비 때문에 채솟값이 오르겠어요. 외국인 시급도 우리와 똑
같아 부담이 많아요. 중소기업, 음식점, 농촌에서. 정부와 국회에서 정책적
으로 왜 그렇게 했는지 대리운전하면서 만나는 많은 분들이 불평이 커요.
차등을 뒀어야 했는데. 그들 나라 월급과 비교하면 엄청 고액연봉이지요.

고객: 더 큰 일은 노인들이 곧 다들 돌아가실 텐데, 그러면 산등성이 밭, 농토들은
순식간에 산이 돼버려요. 한 해만 방치되면 잡초들이 자라고 더 이상 밭으로
못 쓰죠. 고추, 깻잎, 옥수수, 감자, 배추 심던 밭들이 사라지고 산이 되버리
는 게 우려가 크죠.

김대리: 아! 그러네요. 그러면 밭작물 면적도 확 줄고, 가격은 오르고 내려가기는
어렵겠네요.

고객: 정부도 예견하고 대책이나 하고 있는지… 쯧쯧!

시골길 따라 한참을 가서 집 앞 마당에 주차했다. 나오는 길에 걸어

나오니, 가로등도 꺼져있고, 멧돼지가 나올 것 같아 겁이 났다. 무엇보다도 시골이 점점 소멸해 간다는 게 현실화되고 있는데, 정부 대책은 없다. 단지 출생아에게 약간의 비용 보태주는 것으로 생색을 낸다. 인구감소와 지방소멸은 거대한 쓰나미임에도, 선거용 대책들로 돈 푸는 것만 생각한다. 지방 주택정책, 병원, 산업단지, 농촌단지에 청년들이 들어올 수 있도록 과감한 지원대책이 필요하다.

12. 가로막힘

20대 후반으로 보이는 여자가 탄 차에 올랐다. 인사말을 건네고 이것 저것 근황들을 얘기하다가 여자가 대뜸 얘기했다.

고객: 제가 어린 나이에 조직문화가 좀 빡센 회사에 들어갔습니다. 4~5년 버티니 중간관리자가 됐습니다.

김대리: 와우, 대단하시네요. 적응도 힘들고 맘고생도 많이 하셨을 텐데요.

고객: 아니에요. 일할 땐 차갑게 해요. 맺고 끊으며. 요즘 와선 좀 후회도 되지만….

김대리: 그렇죠. 일이나 업무는 정확하고 냉정하게~ 그게 버팀목이 됐겠네요.

고객: 예, 제가 무른 성격에 '좋은 게 좋다'는 식으로 갔으면, 아마도 저도 큰 피해자 가 됐고 상처도 많이 받았을 거예요.

김대리: 그렇겠네요. 빡센 조직문화에서 약하게 보이면 이용당하고 희생시키기 쉬 울 것 같아요.

고객: 그럼요. 종종 그런 경우들을…. 저 스스로가 강한 마음만 가져도 안되고, 그걸 일에서 맺고 끊으며 정확하게 해야, 다른 사람들이 인정하더라고요.

김대리: 어린 나이였지만 분위기를 잘 파악하고 잘 해내셨네요!

고객: 아? 네. 요 며칠 휴가 내어 부모님과 여행했어요. 아주 오랜만에, 초등 4학년 때 가족여행 가고 처음으로….

김대리: 예? 그렇게 오랫동안이나 가족여행이 없었다는 게? 어쨌든 이번에 아주 좋았겠는데요.

고객: 좋았는데, 내가 해달라는 걸 다 들어주시는 것! 그게 한편으론 슬펐어요.

김대리: 네, 왜요?

고객: 어릴 때부터 성인이 될 때까지 '늘 하지 마라'고 금지하고, 가로막는 것으로 컸어요. 그래서 제가 해보고 싶은 것들 거의 해본 게 없고, 어느 순간엔 포기하게 되더라고요. 말해봤자….

김대리: 요즘 부모님들은 개방적이신데….

고객: 그래서 그랬는지 이번엔 다 들어주니 슬프더라고요. (눈물…) 몇 년 전엔 오랜만에 집에 갈 땐 제가 원형탈모까지…. 여자들이 탈모가 거의 없잖아요.

김대리: 애구~ 저런, 직장에서 스트레스가 얼마나 컸으면….

고객: 예….

김대리: 완벽한 성격에 직원들 간 상하관계서 오는 스트레스가 엄청 컸나 봐요.

고객: 예. 엄청! 일에서 펑크 나면 안 되니 야근을 밥 먹듯 하며 드센 상사들 상대 하며…

김대리: 아마도 이번에 부모님께서 따님이 직장을 잘 다니니 기분도 풀어주려고…

고객: 예, 안쓰러운 마음도 있으셨을 듯해요. 또 한편 저 어렸을 적에 거의 다 못하 게 막았던 것들에 대한 미안함이랄까?

김대리: 저도 직장과 일 중심으로 살아와 가족은 항상 후순위였죠. 아내가 뭘 하 려 해도 늘 가로막고, 아내는 제가 걸림돌이고 벽이었죠. 이런 게 저도 미안 함이 크죠. 가족이 자유롭고 편안해야 가족들이 자존감도 높아지고 어딜 가도 자신감에 든든한 건대…

고객: 예, 맞아요.

김대리: 이담에 남자 친구 피앙세 만나면 즐겁고 자유스런 가족으로 행복하게 사 세요.

고객: 아~ 예, 예!

목적지에 도착했다.

고객: 감사해요. 부모님 입장과 제 입장 다 들어주셔서….

김대리: 뭘요~ 저도 사장님에게서 배웠는데요. 늘 활기차게 사세요. 감사합니다.

13. 인생은 내가 말하는 대로

　무더위가 한풀 꺾여 열대야가 사라지던 날, 60대 남녀 친구들 넷이 탄 차에 올랐다.

남자 고객 1: 오랜만에 만나 반가웠고, 밥 먹고, 허심탄회 얘기들 했네.

여자 고객 1: 그래 인생 각자들 이렇게 저렇게 살아오고 나이 들어 만나니 여유가 있네.

남자 고객 3: 야~ 니는 그래도 사업도 어려웠지만 잘 이겨내서 참 다행이야.

남자 고객 2: 그래, 고마워. 돌이켜 보니, 인생은 내가 말하는 대로 풀려가는 것 같아. 어려울 때도 잘 되는 쪽으로, 긍정적으로 자꾸 생각하면 잘 풀려가는 것 같아.

남자 고객 1: 그래~ 안 될 때 비관하고, 안되는 쪽으로만 생각하면 꼬이고 안 풀려.

여자 고객 1: 지금 우리 나이도 다 됐다고 생각하면 안 돼. 새로 할 수 있는 게 얼마나 많다고. 그러면 풍족해지는 거야.

14. 홍보냐? 영업이냐?

무더위가 한창 기승을 부리는 밤, 맥줏집에서 시원하게들 한잔 걸친 같은 직장에 근무하는 거로 보이는 사람들이 탄 차에 올랐다.

고객 1: 더운데 고생들 많았고, 오늘 휴가들 왔으니 즐겁게 잘 쉬다 가자.

고객 2, 3: 예, 감사합니다.

고객 1: 그런데, 아까 말하려다가 잠시 놓쳤는데, 어느 회사나 하는 일이고 그렇지 만, 홍보와 영업의 차이가 있어.

고객 2, 3: (잠시 침묵)

고객 1: 회사마다 자기들 제품 팔잖아. 그럼 결국 홍보하고 영업해야지. 그런데 '홍 보'는 제품이나 물건, 가게 등을 알리는 차원이야. 이 제품은 어떤 기능이 있 고, 이걸 사용하면 어떤 효과가 있다든지 등응. 겉모습만 짧게 설명하는 정 도라고나 할까? 고객은 이런 물건이 있는지를 알게 되지만 큰 감동은 없어.

고객 2, 3: 네~

고객 1: 그런데 '영업'은 더 깊은 거야. 이 제품을 사용하거나 먹고, 바르면 피부가 좋아지고, 혈당이 내려가고, 혈액순환이 잘되고, 건강이 회복되는 것이라고 자세하게 설명할 수 있어야 해. 그리고 고객의 심리를 잘 파악하고, 같이 동화되고, 시간도 십 분, 삼십 분, 때로는 한 시간 설명을 잘 해드리고, 결국 제품을 사게끔 하는 거야! 회사의 제품은 단순히 홍보단계에서 끝나면 실익이 하나도 없어. 팔아서 이익이 나게 영업해야지.

고객 2: 그렇네요. 그러고 보니 저는 영업보다는 홍보하면서 '왜 구매를 안 하실까?'를 생각했는데, 영업까지 이어지지 못했네요.

고객 1: 바로 그거야, 영업을 해야 해. 그러자면 내 생각이 온통 그 제품, 가게, 음식 등에 힘을 쏟아야 해. 대충 만들어선 안 되고 혼을 불어넣는다고나 할까? 내 몸뚱이와 정신이 제품이 일체화되지 않으면 안 돼.

고객 2: 그렇네요.

고객 1: 그래야만 내가 제품에 대해서 정확히 알고, 자부심도 생기고, 그 자신감이 고객의 눈에, 마음에 전달되면 구매를 하게 되지.

고객 2: 그렇네요.

고객 3: 설렁설렁 홍보해선 백날 해도 절대 실적으로 이어지질 않아.

김 대리: 듣고 보니 그렇네요. 세상에 홍보와 영업이 아닌 게 없네요. 수많은 광고(홍보)들이 떠돌아다니는가 하면, 입소문으로 자근자근 알려지며 영업이 잘되는 예도 있죠. 대기업부터, 회사, 학교, 종교단체, 유치원, 학원, 음식

점, 대리운전, 호텔, 아파트, 농수산물, 개인 교사 등등 영업 아닌 데가 없네요.

고객 1: 예, 맞습니다. 사장님도 친절, 안전운전 하시며 잘되시길 바라겠습니다.

김대리: 오늘은 제가 사장님으로부터 큰 걸 배웠네요. 감사합니다.

삶의 지혜는 '싸가지가 있냐? 없냐?'이고, 민심은 따갑다!

매일 대리운전을 위해 저녁 무렵 집 현관을 나설 때마다, 살짝 긴장하며 '오늘 밤에도 집에 무사히 돌아올 수 있을까?'라는 질문을 늘 하곤 했다. 접촉사고, 교통사고, 급발진 사고, 과속, 배달 오토바이나 전기 스쿠터와 충돌, 도로에서 고라니나 고양이 개 등 동물들 출현, 그리고 타이어 펑크나 브레이크 파열 등등에 대한 걱정 등이 1초 동안 스쳐 지나가며 안전운전을 생각하며 출근했다.

날씨도 중요한 변수이다. 깜깜한 밤이라 낮보다 더 위험하다. 기상악화로 폭우, 폭설, 빙판길, 강풍, 장마, 도로 침수, 밤 안개 등 기온변화 상황들이 자주 생기기 때문에 매일 일기예보를 본다. 이런 예상치 않은 교통사고들, 악천후 날씨에도 대리기사들은 출근한다. 이런 날씨에도 술 드시는 분들이 꼭 계시기 때문이다. 평상시에도 매번 고객 차의 운전대를 잡으면 손에 땀이 나며, 추운 겨울에도 긴장으로 땀이 난다.

대리를 하면서 정말 다양한 직업을 가진 여러 계층의 사람들을 많이 만났다. 각자가 살아온 환경은 저마다 달랐지만, 인생을 살아가는 길과 방법은 여느 철학자들, 지식인들, 정치인들, 종교인들 이상으로 성숙하고, 삶에서 배어 나오는 지혜의 깊이와 무게가 있었다. 비록 표현은 단순하고 거칠었어도….

그간 만난 많은 고객들로부터 배운 결론은, 한마디로 인간의 근본이 되는 지혜는 '싸가지가 있냐? 없냐?'가 아닌가, 하는 생각을 하게 한다. 동서고금의 철학, 성경, 불경, 유교 등도 인간이 할 도리를 잘하냐 못하냐에 초점을 모은다면, 우리나라 사람들이 쓰는 '싸가지' 개념도 전혀 손색이 없겠다고 하겠다.

한편 보통사람들은 자본주의 사회에서 생존해야 하는 우여곡절의 어려움을 겪으면서도, 웃음과 해학으로 마음을 위로하고, 긍정적으로 삶을 풀어가며 인내하고 이겨내려는 지혜와 의지를 보여주었다.

그렇지만 이들이 말하는 민심은 코로나 이후 더 어려워진 경제환경에서 자조 섞인 비판을 쏟아낸다. 자영업자들의 거대한 도미노 줄폐업으로 도시 공동화가 심각한 것에 대한 염려, 시골 학교들에 이미 초중고생들이 떠난 지 오래고 대부분 폐교된 것을 걱정한다. 민심은 초고령화와 인구감소로 지방 소도시들과 농촌은 회복 불가능한 임계점에 다다른 것에 심각하게 우려하고 있다.

이런 와중에도 정치인들은 십 년, 이십 년 넘도록 정쟁을 일삼으며, 자기들의 권력 기득권을 챙기는 것에만 골똘하고 있다. 민심은 국회가 제 분야들에서 끝없는 소모적인 비난보다는, 정책 연구와 토론을 활성화해서 대안을 내어 전체적으로 기울어가는 국가를 바로 세우기를 원하고 있다. 그리고 민심은 국회가 서로 비판은 하되, 타협하고 상대를 존중하여 양극단을 피하고 중간지대를 넓히길 바라고 있다. 민심은 좌우 이념을 구시대의 낡은 가치로 보고, 지금의 국내외적 경제적 현실에서 출발하길 원하고 있다.

이런 일들을 매일 겪고 새벽 1~2시 집에 돌아와 현관문을 열고 들어올 때는 '오늘도 무사히'가 저절로 나온다. 세수와 손을 깨끗이 닦고, 양치 후, 잠자리에 누우면, 얼마 못 벌었어도 역동적이었던 긴 밤 시간이 안전하게 지나간 것에 감사한 마음으로 이내 잠든다.

사색의 시간 4: 대리기사 경험담

대리운전 취중진담

펴낸날 2025년 5월 26일

지은이 김은규, 박하성
펴낸이 주계수 | **편집책임** 이슬기 | **꾸민이** 최송아

펴낸곳 밥북 | **출판등록** 제 2014-000085 호
주소 서울특별시 마포구 양화로 156 LG팰리스빌딩 917호
전화 02-6925-0370 | **팩스** 02-6925-0380
홈페이지 www.bobbook.co.kr | **이메일** bobbook@hanmail.net

© 김은규·박하성, 2025.
ISBN 979-11-7223-079-1 (03190)